rororo

Zu diesem Buch

«Mein Körper war meine Leistung, mein Kunstwerk…» – so schreibt Gesa Herbst über ihre Magersucht. Zwei Jahre lang hatte sie sich nahezu ausschließlich auf das konzentriert, was sie aß – oder besser: nicht aß.

Für ihre Diplomarbeit im Fach Fotografie suchte sie Kontakt zu anderen Essgestörten. Aus diesen Begegnungen entstanden bewegende Interviews und Fotografien, die behutsam die Binnenwelt von Menschen enthüllen, deren Leben um das Essen kreist. Betroffene und die vielfach ratlosen Angehörigen können so erkennen, wie Hilfe und Verständnis möglich sind.

Gesa Herbst, geb. 1977, Studium an der Akademie für Fotografie in Hamburg, Abschluss im Mai 2000. Auszeichnung für die Diplomarbeit zum Thema «Magersucht – Auseinandersetzung in Bild und Text». Auszüge daraus wurden im Mai 2000 im «Stern» veröffentlicht.

Gesa Herbst

FREMD-
KÖRPER

Rowohlt Taschenbuch Verlag

Lektorat Katharina Brügge

Originalausgabe
Veröffentlicht im Rowohlt Taschenbuch Verlag GmbH,
Reinbek bei Hamburg, Juli 2001
Copyright © 2001 by Rowohlt Taschenbuch Verlag GmbH,
Reinbek bei Hamburg
Umschlaggestaltung Cordula Schmidt
(Foto: © Gesa Herbst)
Satz Trinité No. 2 PostScript, QuarkXPress 4.1
Gesamtherstellung Clausen & Bosse, Leck
Printed in Germany
ISBN 3 499 61191 0

INHALT

VORWORT   SEITE 6

GESA   SEITE 12

RITA   SEITE 36

FRANK   SEITE 54

TANJA   SEITE 80

SANDRA   SEITE 102

VORWORT

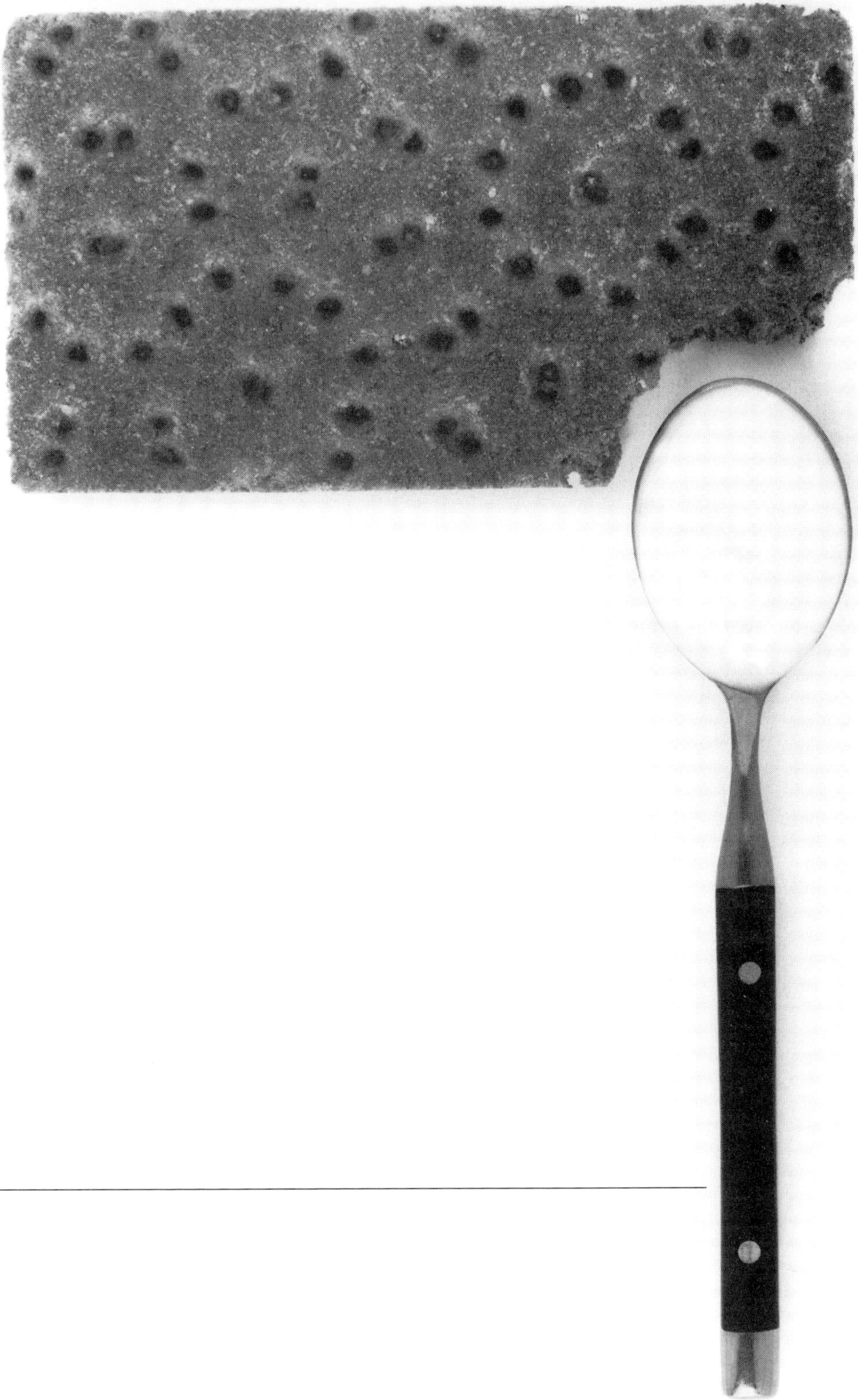

ALS ICH im letzten Jahr vor der Aufgabe stand, ein Thema für meine bevorstehende Diplomarbeit zu suchen, befand ich mich im akuten Stadium der Magersucht. Dass ich mich selbst zum Thema wählte, war unumgänglich, denn zu dieser Zeit konnte und musste ich mich nur auf das eine konzentrieren: mein Leben, beziehungsweise meine Lebensflucht. Noch einmal gedanklich in den Teufelskreis der Sucht zurückzugehen, die Situation noch einmal zu durchleben half mir, mit dieser einen Phase der Krankheit abzuschließen, um auf einer neuen Ebene weiterkämpfen zu können.

Ich spürte, dass mein Körper wieder seine Stimme erhob, dass er begann, die Mengen an Nahrung einzufordern, die ihm zustanden. Ich hatte Bärenhunger. Ein Teil in mir wollte diese magische 40-kg-Grenze endlich überschreiten, ein anderer Teil wehrte sich noch und wollte diesen dürren Körper nicht loslassen, nicht verschwinden sehen. Ich erlebte das Fotografieren meines Körpers als therapeutisches Mittel. Die Stimme in mir, die nicht loslassen wollte, ließ sich auf den «Vorschlag» ein. Durch das Fotografieren gab ich meinem «Kunstwerk Körper» eine eigene Beständigkeit, lösgelöst von mir selbst. Ich war nicht mehr dafür zuständig, diesem Körper seinen Bestand zu garantieren, diese Figur beizubehalten, deren Erhalt mich so unendlich quälte. Das Papier tat es an meiner statt. So konnte ich auch auf der körperlichen Ebene in eine neue Phase aufbrechen.

Nun suchte ich Menschen mit oder ohne diagnostizierte Essstörung, denn mich interessierte es zu erfahren, wie andere mit Nahrung umgehen. Und vor allem: Wie isst ein normaler Mensch? Was denkt er beim Essen? Kümmert ihn seine Ernährung überhaupt? Steht Essen auch bei anderen mit Leistung oder Ähnlichem in Zusammenhang?

Durch die Gespräche mit anderen Essgestörten bekam ich zum ersten Mal das wunderbare Gefühl: Ich bin nicht allein. Und dieses

Gefühl möchte ich gerne weitergeben an alle Betroffenen: Ihr seid nicht allein! Es lohnt sich zu kämpfen! Für euch selbst!

Ich traf mehrere «normale» Menschen, die ich interviewte. Die Erfahrungen, die ich dabei machte, warfen sehr bald weitere Fragen auf: Was ist eigentlich normal? Wo ist die Grenze zwischen krank und gesund? Ist es normal, wenn jemand unruhig wird, wenn keine Schokolade im Vorratsschrank liegt? Wenn er nachts aufwacht und nicht wieder einschlafen kann, bevor er eine Packung Schokoladenkekse gegessen hat? Ist es normal, wenn jemand so penibel darauf achtet, keine Schadstoffe zu sich zu nehmen, weil diese der Gesundheit schaden, dass selbst die Gurke mit Spülmittel von möglichen Pestiziden befreit werden muss, während er gleichzeitig aber Chips und gesalzene Erdnüsse zu seinen Grundnahrungsmitteln zählt? Ist es normal, dass ein Hochleistungssportler seinen Körper malträtiert, nur um als Erster durchs Ziel zu laufen? Ist es normal, wenn sich ein Mann plötzlich, obwohl er keinen Hunger hat, vor dem Kühlschrank wiederfindet und eine Schüssel kalten Rosenkohl vertilgt, um sich anschließend drei Scheiben gekochten Schinken zwischen die Zähne zu schieben?

> **Ist es normal, wenn jemand unruhig wird, wenn keine Schokolade im Vorratsschrank liegt?**

Ich kann keine klare Grenze erkennen. Mit scheint, der Unterschied zwischen Kranken und Gesunden besteht vornehmlich darin, wie sehr sie sich selbst wahrnehmen beziehungsweise ihr Selbst verdrängen.

In den Medien ist das Thema Essstörungen weit verbreitet; es wird immer wieder aufgegriffen und ist doch nie wirklich präsent. Aus den Beiträgen, die ich lese oder höre, geht immer wieder die falsche Annahme hervor, bei Essstörungen handele es sich um ein gesellschaftliches Randgruppenphänomen. Ich frage mich: Will uns

niemand wahrnehmen, weil wir eben nicht dem Bild der schönen neuen Welt entsprechen, oder kann uns niemand wahrnehmen, weil wir uns so wenig zeigen?
Ich möchte Interessierten durch dieses Buch die Chance geben, uns zu sehen. Ich will uns sichtbar machen.

Ich selbst habe während der Arbeit mit den Menschen, die ich interviewte, einen weiteren Schritt in Richtung Selbstfindung und Selbstliebe tun können. Ich befand mich wieder an einem Dreh- und Angelpunkt. Ich spürte, etwas muss raus, ein weiterer Aspekt drängte danach, formuliert und bearbeitet zu werden. Ich konnte ihn nur noch nicht greifen. Das Gespräch mit einer essgestörten Frau, die sich schon etliche Schritte näher gekommen war als ich mir, half mir, mein eigenes Gefühlschaos zu entwirren. Als ich mit ihr über Sexualität, Männerbeziehungen, Körperempfinden sprach, wurde mir klarer, um was es jetzt für mich ging. Ich hatte diesen wichtigen Punkt bisher ausgespart und bin jetzt dabei, ihn für mich zu bearbeiten. Zu sehen: Ja, wie ist das eigentlich bei mir? Dank des Gespräches mit ihr wurde dieser Aspekt zu Tage gefördert. Frei schaufeln muss ihn zwar jeder für sich allein, andere Erfahrungen zu hören oder zu lesen kann jedoch helfen, das, was vor einem liegt, zu sortieren.
Ich möchte Angehörigen und Interessierten einen Einblick in die alltäglichen Teufelskreise geben, in denen sich Essgestörte bewegen. Und ich erhoffe mir, ihnen dadurch einen Teil der Angst vor dem Unbekannten zu nehmen. Unwissenheit löst Angst aus. Und aus Unsicherheit und Angst heraus reagieren viele Angehörige von Essgestörten und auch die Umwelt so, dass sie die Störung eher noch vertiefen, anstatt sie aufzubrechen.
Von der akuten Phase abgesehen sind Menschen mit Essstörungen keine hinfälligen, pflegebedürftigen Wesen. Sie sind für ihr Handeln verantwortlich und wollen es auch sein. Und als Bestätigung, dass

man ihnen die Kompetenz, ihr Leben in den Griff zu bekommen, zutraut, brauchen sie Menschen, die sensibel und umsichtig miteinander umgehen, offen aufeinander zugehen.

> **Essgestörte Menschen leben in dem Wahn, der brutalen Annahme, von Grund auf schlecht zu sein.**

Essgestörte Menschen leben in dem Wahn, der brutalen Annahme, von Grund auf schlecht zu sein, es nicht wert zu sein, leben zu dürfen, und sie empfinden eine unsäglich quälende Schuld darüber, es trotzdem zu tun. Dieses Gefühl wird verstärkt, wenn das Umfeld suggeriert, dass die Essgestörten ihr Leiden bewusst initiieren oder sogar inszenieren. Niemand und schon gar nicht die mager- und fettsüchtigen Menschen setzen ihr Leiden in Szene. Sie machen es lediglich sichtbar. Der Körper als Mittel zum Zweck. Ich möchte weder anklagen noch verurteilen, keine Schuldsuche betreiben, aber andere anregen, sich selbst genau zu betrachten. Nicht nur die Betroffenen müssen sich mit der Krankheit und ihren Ursachen auseinander setzen, sondern auch Familie und Freunde. Auch sie haben die Grundsteine zu dem Teufelskreis gelegt, in dem sich die Essgestörten bewegen. Mir hat es geholfen, dass vor allem meine Mutter bereit war, ihren Anteil an meiner Magersucht anzuerkennen und sich damit zu beschäftigen. Das bedeutete für mich, ernst genommen zu werden.

Und das ist das Wichtigste beim Kampf gegen die Teufel auf unserer Schulter: dass wir selbst und alle Beteiligten sie nicht nur verscheuchen, sondern zunächst einmal ernst nehmen, was sie uns sagen wollen.

GESA

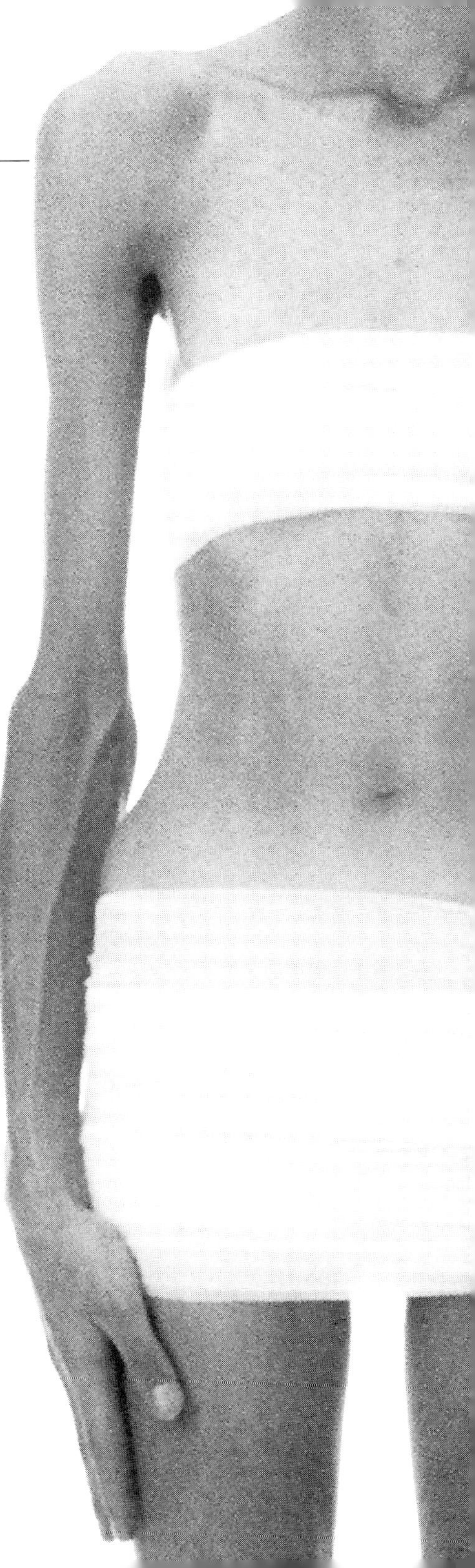

ZU LANGE ZEIT

Zu lange Zeit hat die Waage mein Leben bestimmt. Was sie beim allmorgendlichen Wiegen anzeigte, war maßgebend dafür, ob mein Tag erfolgreich sein würde oder von vornherein zum Scheitern verurteilt war. Zeigte sie ein paar Gramm mehr an als am Tag zuvor, gönnte ich mir keine Ruhe, keine Pause. Den ganzen Tag lang stand ich unter einem unglaublichen inneren Druck, denn ich hatte etwas nachzuholen, etwas gutzumachen. Ich hatte mich wohl am Tag zuvor nicht genug unter Kontrolle gehabt, war nicht fleißig und diszipliniert genug gewesen. Solange ich das nicht wettgemacht hatte, war alles düster, grau und sinnlos. Nichts hätte mich dann glücklich stimmen können. Erst eine positive Botschaft auf der Waage am nächsten Morgen konnte mich wieder froh machen. Bis dieses Ziel erreicht war, gestattete ich mir nicht einmal, überhaupt an Nahrungsaufnahme zu denken.

Zeigte die Waage zu viel an, wusste ich, dass ich mal wieder versagt hatte. Ich musste mich also noch mehr anstrengen. Aber auch an den Tagen, die durch die Zahl auf dem Display der Waage unter einem guten Stern standen, aß ich wenig oder gar nichts, denn das Gefühl, dass ich meinen Hunger besiegt und mich total unter Kontrolle gehabt hatte, war ein so befriedigendes, dass ich nichts anderes mehr brauchte, um mich wohl zu fühlen und zufrieden zu sein. Das Wissen, ich könnte und dürfte etwas essen, wenn ich wollte, aber ich musste nicht, hatte es gar nicht nötig, gab mir ein Gefühl der Überlegenheit. Ich kam mir nicht mehr so klein und wertlos neben anderen vor, denn auch ich hatte etwas geschafft. Hungern. Ich war der festen Überzeugung, sehr selbstbestimmt und unabhängig zu leben. Und das war es, was ich wollte, wonach ich strebte.

> ICH KAM MIR NICHT MEHR SO KLEIN UND WERTLOS NEBEN ANDEREN VOR, DENN AUCH ICH HATTE ETWAS GESCHAFFT. HUNGERN.

Meine Familie setzte große Hoffnungen in mich. Sie sprachen mir Fähigkeiten zu, die ich selbst in mir nicht erkennen konnte. Durch meinen Schulabschluss und durch die finanzielle Unterstützung meiner Familie standen mir viele Möglichkeiten offen. Ich konnte das jedoch nicht als Chance nutzen, denn ich hatte das Gefühl, dass mir keine Wahl blieb. Hinter allem stand das große «du musst». Ich fühlte mich zutiefst schuldig, denn ich wollte dem Bild, das viele von mir hatten, gerne entsprechen, wollte gut und erfolgreich sein. Aber wie hätte ich das erreichen können, wo ich mir doch selbst nicht das Geringste zutraute? Ich fühlte mich dumm, einfalls- und wertlos; allerhöchstens war ich mittelmäßig. Dabei hatte ich doch das drängende Bedürfnis, in irgendetwas ganz besonders gut zu sein; etwas, das nur ich konnte, in dem ich erfolgreich war und Anerkennung fand. Ich war überfordert, und der Anspruch, den andere an mich zu haben schienen, blockierte mich. Ich fühlte mich allein gelassen, begann, mich vor dem Leben zu fürchten. Während um mich herum alles so fremd und ich so orientierungslos war, bot mir das Hungern eine Fluchtmöglichkeit, gab mir Halt und Sicherheit. So erschuf ich mir eine kleine Welt, in der ich mich zurechtfand.

> ICH WAR ES NICHT MEHR SELBST, DIE AM STEUER SASS UND BESTIMMTE, WO ES LANGGEHT.

Der Weg jedoch, den ich einschlug, um diese ersehnte Selbständigkeit und Autonomie zu erlangen, führte mich in die völlig entgegengesetzte Richtung. Ich nahm nicht wahr, dass ich mit jedem Tag ein Stück mehr von mir selbst hergab; dass ich nicht für, sondern mit aller Kraft und Energie, die ich aufzubringen vermochte, gegen mich kämpfte. Ich war es nicht mehr selbst, die am Steuer saß und bestimmte, wo es langgeht. Die Waage, die Sucht hatten längst die Führung übernommen und bestimmten mein Handeln, hatten die totale Kontrolle über mein Leben. Ich war so abhängig wie nie zuvor.

> **FAST EIN HALBES JAHR LANG BESTAND MEINE TAGESRATION AUS EINER TASSE SUPPE. EINE SOLCHE MAHLZEIT KONNTE DEN GANZEN ABEND AUSFÜLLEN.**

Die Portionen, die ich aß, verringerten sich Schritt für Schritt und wurden im Lauf der Zeit immer kalorienärmer. Wie alles andere geschah auch das nicht gezielt, nicht bewusst. Ich hatte keinen Vorsatz. Es ging mir nicht wirklich darum, schlank um jeden Preis, und auch nicht darum, dünn zu sein. Gewisse Mechanismen und Prinzipien, die die Magersucht für sich beansprucht, zum Beispiel das Kalorienzählen, habe ich ganz automatisch angenommen und praktiziert. Die Sucht gab die Regeln vor, nach ihnen richtete ich mich.

Während in der Anfangszeit mein Frühstück noch aus normalem Milchkaffee bestand, ersetzte ich bald die Vollmilch durch fettarme, dann durch entrahmte, bis ich den Kaffee schließlich schwarz trank. Ich hasse schwarzen Kaffee. Ich bildete mir jedoch ein, er schmecke mir genau so und nicht anders. Vor mir selbst und vor anderen leugnete ich jegliches Hungergefühl. Irgendwann empfand ich dann wirklich keinen Hunger mehr, denn wie alle anderen Gefühle hatte ich auch ihn so lange unterdrückt, dass ich ihn nicht mehr spüren konnte.

Fast ein halbes Jahr lang bestand meine Tagesration aus einer Tasse Suppe. Auf diese eine Mahlzeit am Abend freute ich mich den ganzen Tag lang. Ich zögerte die Nahrungsaufnahme so lange wie möglich hinaus. Ich genoss die Vorfreude. Damit der eigentliche Akt des Essens möglichst lange andauerte, tat ich mir nie mehr als eine Kelle auf, legte Pausen ein, um dann später noch einmal an den Topf gehen zu dürfen. Ich genoss jeden Löffel.

Eine solche Mahlzeit konnte den ganzen Abend ausfüllen. Natürlich verspürte ich danach kein wirkliches Gefühl der Zufriedenheit, auch wenn ich damals der festen Überzeugung war, es sei so. Welcher ausgehungerte Mensch ist nach einer wässrigen Suppe schon wirklich

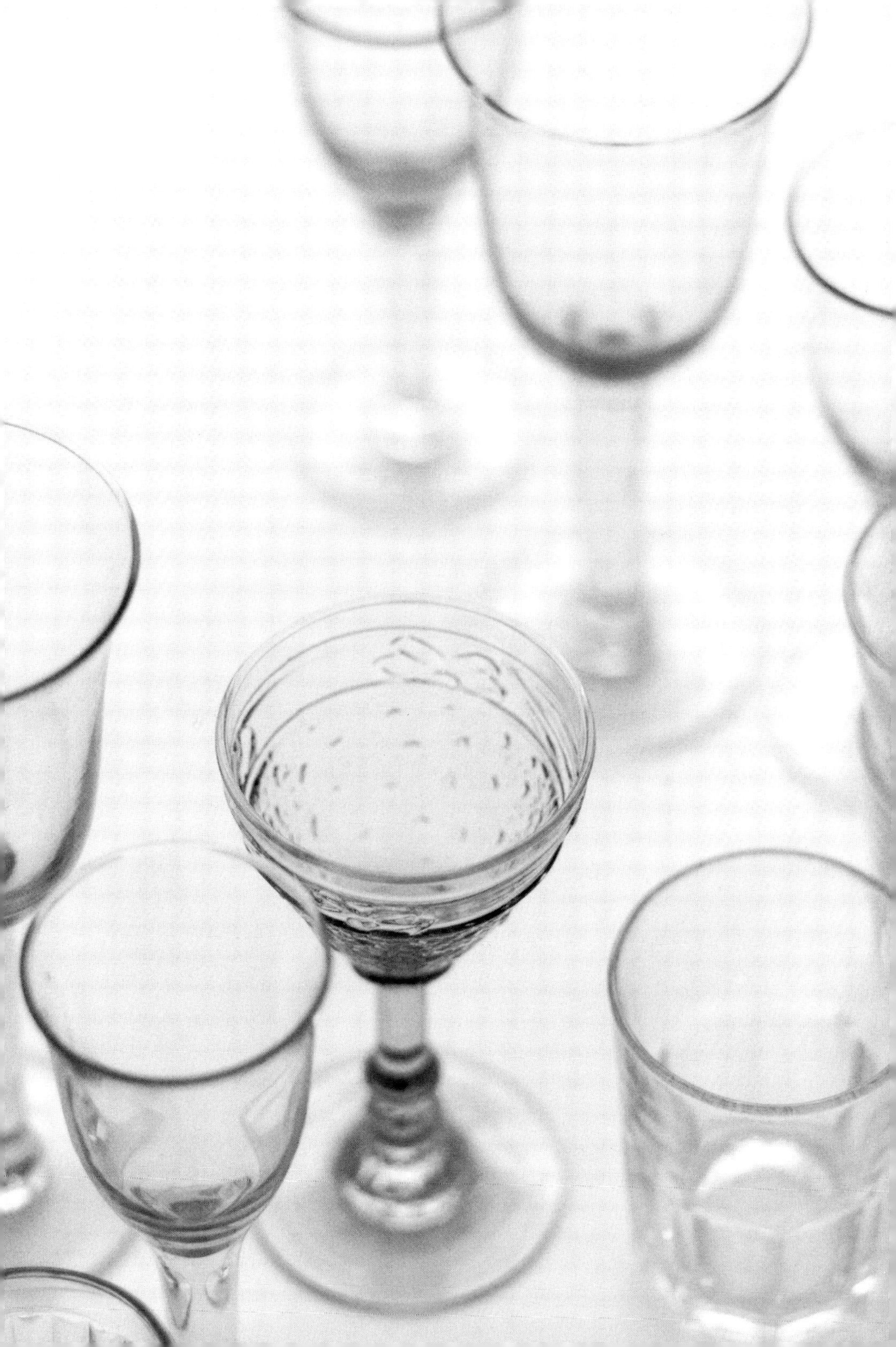

zufrieden, satt? Doch ich gestand mir Nahrung nicht mehr zu, war es nicht wert, etwas genießen zu dürfen. Ich hatte jeglichen Kontakt zu mir und meinen Bedürfnissen, Wünschen, Instinkten verloren. Ich fühlte mich nicht mehr. War erstarrt, tot, leer. Ich sprach mir jedes Recht auf Existenz ab. Ich war nicht gut genug, um essen zu dürfen, leben zu dürfen.

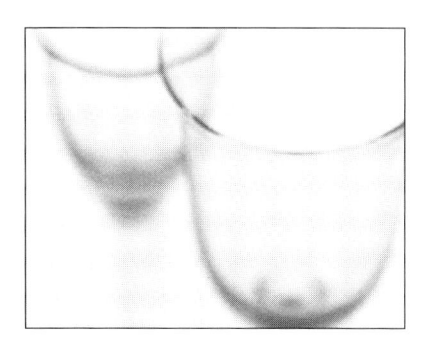

In dieser Zeit wurde ich Meisterin im Ausreden-Erfinden. Für mich selbst und vor anderen. Ich merkte nicht, dass ich mich auf die schlimmste Weise selbst hinterging und mich selbst am meisten betrog. Ich erfand immer neue Methoden, um Treffen, die mit Essen verbunden waren, zu umgehen. So brauchte ich nicht zu erklären, warum ich mich nicht am Essen beteiligte. Die Vorstellung, in Gesellschaft essen zu sollen, genügte, um mich in Panik zu versetzen. Ich musste mich darauf vorbereiten können. Wenn zum Beispiel ein unausweichlicher Familienbesuch anstand und ich in eine Situation geraten würde, in der ich mich am Essen beteiligen musste, um nicht tausend Fragen, Blicke, Vorwürfe über mich ergehen lassen zu müssen, sorgte ich vor: In der Zeit, die mir bis zu dieser unumgänglichen Verabredung blieb, aß ich gar nichts mehr. Manchmal waren es zwei Tage, manchmal zehn. Diese völlige Askese war für mich sozusagen die «Vorarbeit». Es war mir dann möglich, ohne schlechtes Gewissen eine kleine Portion von etwas anderem als meiner gewohnten Tütensuppe zu mir zu nehmen.

Was ich nicht aß, trank ich. Sechs bis sieben Liter am Tag waren keine Seltenheit. Anfangs trank ich, um Hungergefühle zu unterdrücken und nicht spüren zu müssen, dass mein Magen leer war und nach Nahrung schrie. Später fand ich darin einen Ersatz, der mir Befriedigung gab. Die psychische Leere versuchte ich, durch Hungern auszufüllen; die entstandene physische Leere füllte ich mit Flüssigkeit.

Doch durch Trinken allein konnte ich meinen Hunger nicht stillen. Oft lag ich nächtelang wach, weil er mich daran hinderte zu schlafen. Manchmal wachte ich auf, weil mein Kiefer schmerzte. Ich hatte die Zähne so fest zusammengebissen, dass es wehtat.

Unterbewusst war mir meine Situation damals bereits unerträglich geworden. Doch ich musste um jeden Preis durchhalten, weitermachen, durfte nicht auf halber Strecke aufgeben. Das bedeutete: Zähne zusammenbeißen und durch. Ich konnte und wollte nicht mehr schlucken, denn das, was ich bis dahin in mich hineingefressen hatte, war zu viel gewesen, als dass jetzt noch für wirkliche Nahrung Raum blieb. Meine Kehle war wie zugeschnürt, etwas, für das ich erst allmählich Worte finde, und drückte mir die Luft ab. Es dauerte lange, bis ich mir meine Krankheit eingestand und endlich zu erkennen begann, wie ich meinen Körper misshandelte. Auf die Aufforderungen und Bitten von Familienangehörigen und Freunden, zuzunehmen und mich in therapeutische Behandlung zu begeben, sprich, den Kampf gegen meine Krankheit aufzunehmen, reagierte ich lange Zeit sehr aggressiv und abwehrend, denn ich sah meine Welt bedroht. Ich wollte sie nicht aufgeben, wollte das, was ich so mühsam geschaffen hatte, in das ich so viel Kraft gesteckt hatte, nicht wieder hergeben. Vor allem dann nicht, wenn es von anderen gefordert wurde. Ich war zwar zutiefst unglücklich und hilflos in der Situation, in der ich mich befand, hatte aber große Angst vor einer Veränderung. Denn die bedeutete wiederum Unsicherheit, Konfrontation mit mir selbst, mit dem Leben an sich, der Leere in mir, der ich so lange «erfolgreich» entflohen war.

> **ICH WOLLTE DIE KRANKHEIT NICHT AUFGEBEN, WOLLTE DAS, WAS ICH SO MÜHSAM GESCHAFFEN HATTE, NICHT WIEDER HERGEBEN.**

Als die Sorgen, Ermahnungen und Bitten meiner Familie immer drängender wurden und mir immer rigorosere Maßnahmen angedroht wurden, begann für mich das Erwachen. Das heißt, ich begann langsam wieder, mich selbst wahrzunehmen, meinen Körper in einer unglaublichen Dürre zu realisieren. Lange Zeit hielt ich mich noch für normal, obwohl ich die 40-kg-Grenze bereits unterschritten hatte. Meine Selbstwahrnehmung war gestört, völlig verzerrt.

> Zumindest in meinem Krankheitsverlauf wollte ich mich von anderen abheben, etwas Besonderes sein.

Ich begann, Erfahrungsberichte von anderen Betroffenen und Fachbücher zu lesen, die sich mit Magersucht auseinander setzen. An manchen Stellen entdeckte ich Gemeinsamkeiten und war froh, zu merken, dass es nicht nur mir so erging, dass ich mit manchem, von dem ich angenommen hatte, dass es nur mich betraf oder nur für mich ein Problem darstellte, nicht allein war. Andererseits weigerte ich mich einzugestehen, dass ich der Krankheit und ihren Mechanismen ausgeliefert war wie alle anderen Magersüchtigen auch. Verhaltensweisen, von denen andere berichteten, zum Beispiel das Kalorienzählen oder die ständige gedankliche Beschäftigung mit dem Essen, lehnte ich für mich ab. Ich gestand mir einfach nicht ein, dass ich selbst all diese Dinge tat. Zumindest in meinem Krankheitsverlauf wollte ich mich von anderen abheben, etwas Besonderes sein. Ansonsten wäre alles noch sinnloser gewesen, als es ohnehin schon war. Es hätte eine Niederlage bedeutet, das Eingeständnis, dass mein Weg mich nicht dorthin geführt hatte, wohin ich wollte. Die Überzeugung, dass bei mir alles irgendwie anders sei, dass ich eine besondere Magersüchtige bin, erhielt ich mir noch lange Zeit.

Während ich anfing, mich – als Interessierte, noch nicht als Betroffene! – mit der Krankheit zu beschäftigen, verschlimmerte sich meine körperliche Verfassung immer mehr. Wahrscheinlich befand ich mich sogar eine Zeit lang in einer lebensbedrohlichen Situation.

Ich konnte nicht einmal mehr durch den Stadtpark spazieren, ohne nach ein paar hundert Metern eine Pause machen zu müssen. Ich hatte keine Kraft mehr.

Irgendwann hatte wohl auch mein Gehirn nicht mehr genug Nährstoffe, um einwandfrei funktionieren zu können. Ich wurde vergesslich, wusste nach einer Minute nicht mehr, was ich vor zwei Minuten gesagt hatte. Meine Reserven waren restlos aufgebraucht.

Durch seine Schwäche zwang mich mein Körper, ihn endlich wahrzunehmen. Ich fühlte meine Magerkeit und jeden einzelnen Knochen. Wenn ich lachte, spürte ich, wie sich die Haut über meinen Wangenknochen spannte. Zum ersten Mal nahm ich die blauen Flecken und durchgelegenen Stellen an meinem Rücken und Steißbein wahr. Ich spürte die Schmerzen, wenn ich mich auf einer Holzbank niederließ, spürte die für mich unglaubliche Kälte der Frühlingsmonate, selbst wenn ich drei Pullover übereinander anzog. All das hatte ich vorher ignoriert.

Ich erschrak vor mir selbst, vor meinem eigenen Körper beziehungsweise vor dem, was davon übrig geblieben war.

Einerseits liebte ich diesen Körper, denn er war das, worauf ich mich fast zwei Jahre lang, wenn auch in selbstzerstörerischer Weise, konzentriert hatte. Er war meine Leistung, mein «Kunstwerk». Auf der anderen Seite hasste ich ihn aber auch, denn er war hässlich, schwach, unfähig, Leistung zu erbringen.

Wie wohl fast jeder Teil der Krankheit nährt sich auch dieses Kapitel aus einem Widerspruch. Ich verabscheue und verurteile Schwäche, besonders die Schwäche des Charakters. Einerseits.

Auf der anderen Seite ist es aber genau das, was ich durch meine Krankheit endlich sichtbar machen wollte. So offensichtlich wie nur irgend möglich wollte ich meiner Familie, meinen Freunden zeigen: Ich bin

MEIN KÖRPER WAR MEINE LEISTUNG, MEIN «KUNSTWERK».

schwach, ich bin verletzlich und unsicher. Mein dürres Äußeres sollte das verletzliche Innere schützen. Denn jemand, der so zerbrechlich

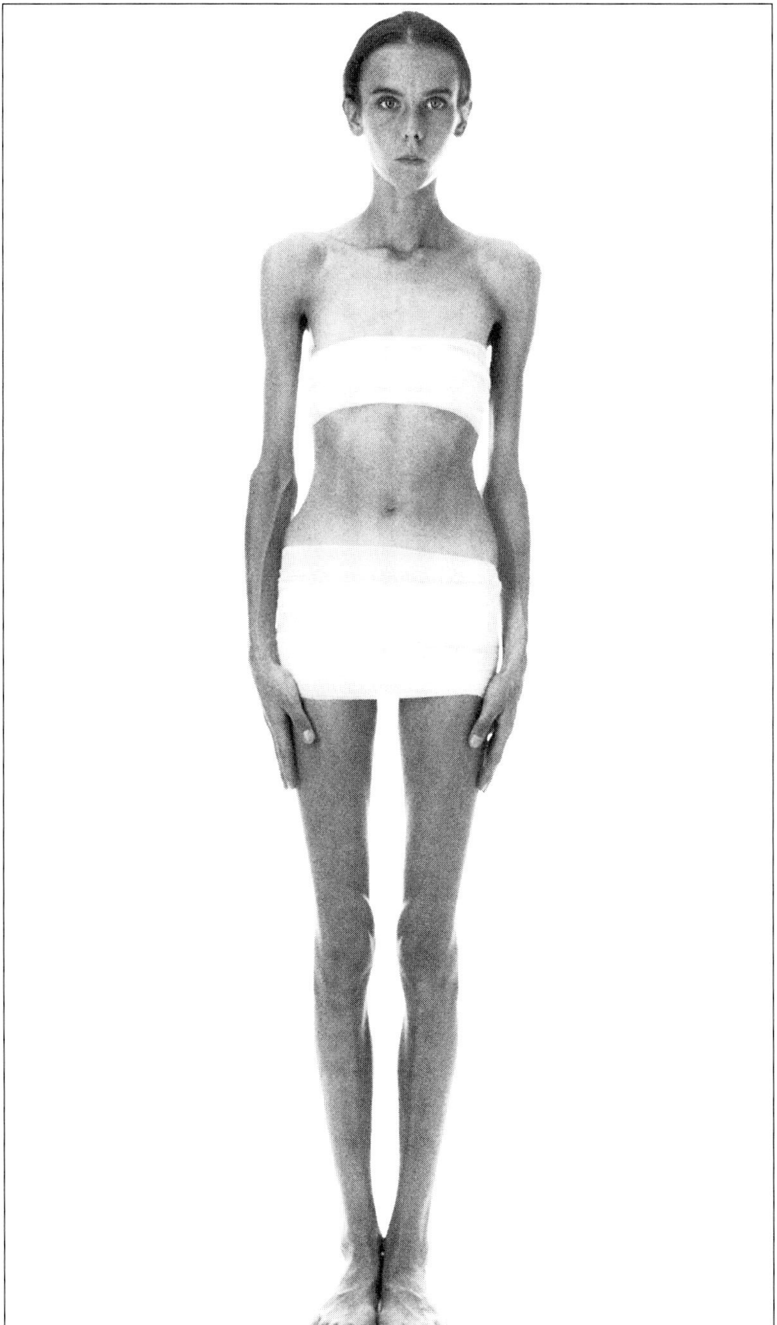

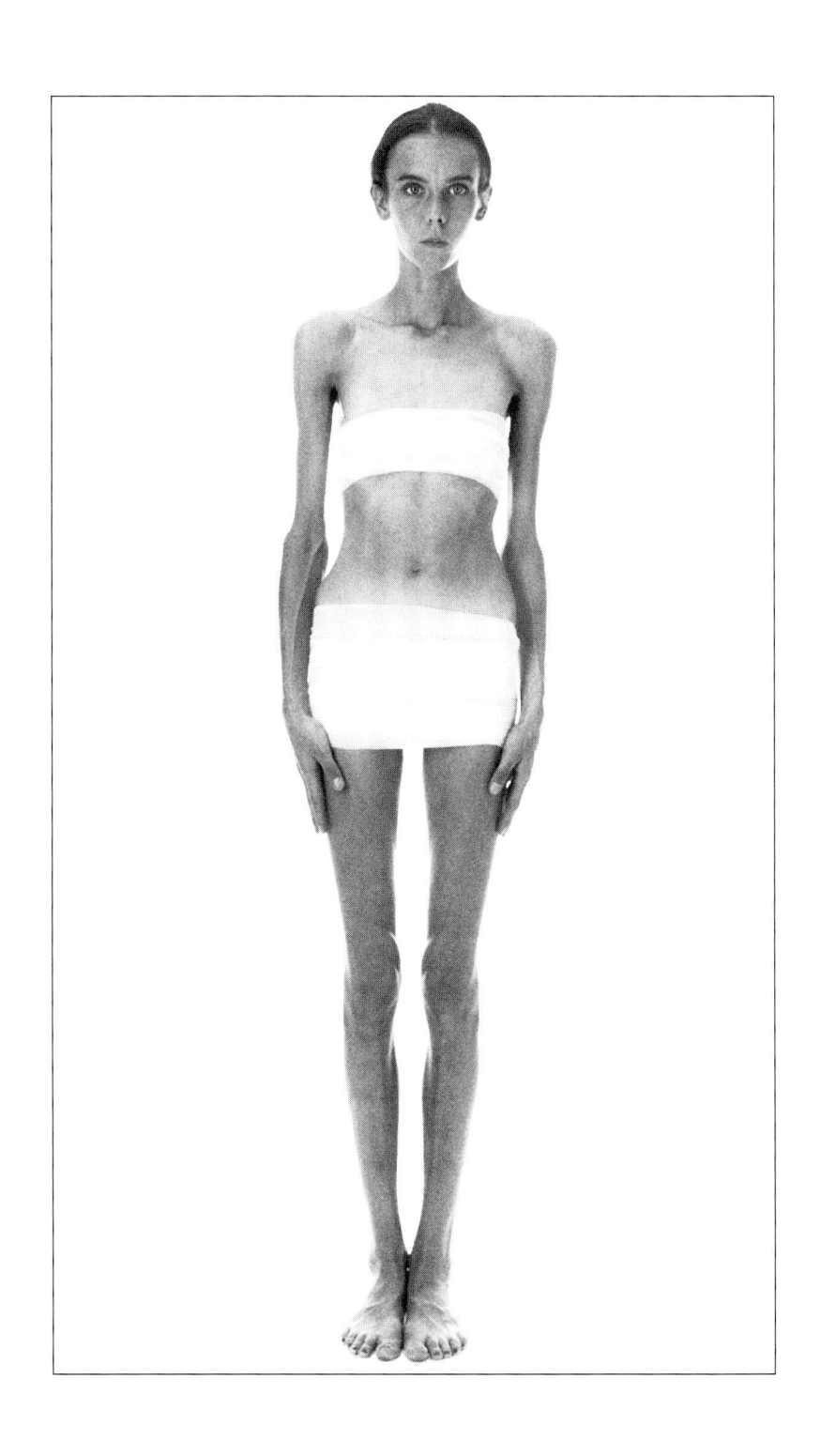

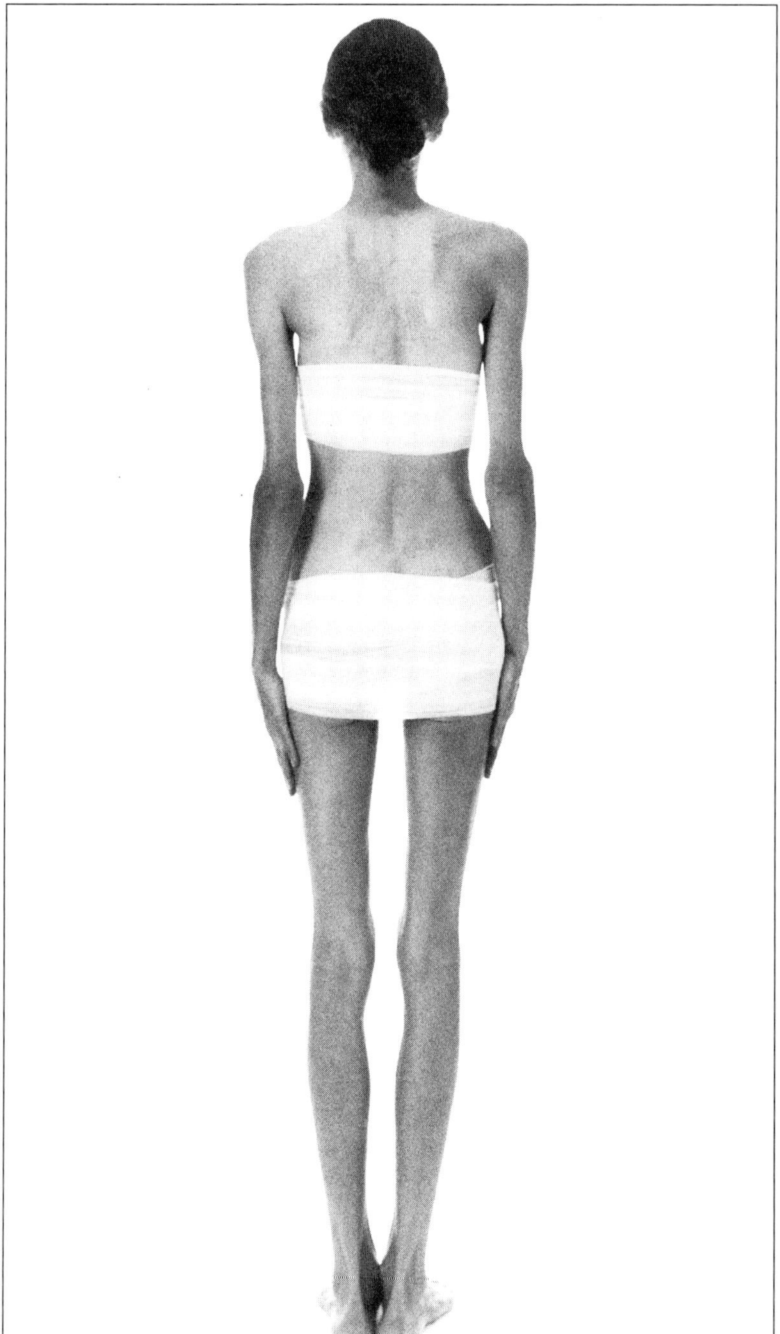

aussieht, wird nicht ohne Weiteres angegriffen oder mit Forderungen gequält. Niemand wagt es mehr, Ansprüche zu stellen.

Meine Krankheit war ein Hilferuf.

Ich versuchte durch meinen Körper auszudrücken, was mir mit Worten nicht gelang. Ich wollte, dass endlich jemand sieht, dass es mir nicht gut geht, wollte auf mein psychisches Dilemma aufmerksam machen, nicht auf meinen Körper. Weil ich aber meinen Körper als Projektionsfläche benutzte, zog ich natürlich alle Blicke auf mich.

Der Alltag, der morgendliche Gang zum Kiosk, ein Bummel durch die Stadt, das Überqueren eines überfüllten Platzes, der Weg zur Toilette im Restaurant, all das wurde für mich zum Spießrutenlauf. Es tut weh, von oben bis unten gemustert zu werden und in den Gesichtern der Fremden Geringschätzung und Verachtung zu erkennen. Mit ihrer Sprachlosigkeit und ihrer Ignoranz verwehren sie mir das, was ich mir so sehr wünschte: die Chance zu bekommen, mich erklären zu dürfen, zu zeigen, dass ich ein Mensch bin und kein Ungeheuer, denn als solches fühlte ich mich eine Zeit lang. Die Reaktionen der anderen schienen mein Grundgefühl zu bestätigen: Ich war kein wirklicher Mensch mehr, sondern irgendein Wesen, ein Es.

Zu Zeiten, in denen ich mich psychisch in relativem Gleichgewicht befand, konnten mich die Blicke und Kommentare nicht so tief verletzen. Bemerkungen wie «Mensch, Mädel, dass du dich überhaupt noch auf die Straße traust» warfen mich dann nicht aus der Bahn. An Tagen allerdings, an denen ich mich wegen meines Erscheinungsbildes, wegen meiner Hilflosigkeit und Unfähigkeit, dieser Sucht zu entkommen, selbst fertig machte, ich mich hasste und verabscheuungswürdig fühlte, trafen mich solche Äußerungen wie Messerstiche tief im Inneren.

Wie sehr es mich belastete, den heimlichen Blicken und dem Getuschel ausgesetzt zu sein, wurde mir bei einem Spaziergang um die Hamburger Alster bewusst.

Zwei Frauen kamen mir entgegen und blickten mir im Vorübergehen ganz offen und freundlich ins Gesicht. Sie schauten nicht nur nicht weg, sondern sie lächelten mich an, ohne Boshaftigkeit, Abschätzung oder dergleichen. Ich hatte große Mühe, die Tränen zurückzuhalten. Ich schaffte es gerade noch bis zu meinem Auto. Ich weinte, weil ich mich über diese Reaktion so freute. Diese einfache Geste des Lächelns gab mir das Gefühl, gleichwertig zu sein, irgendwie doch menschlich zu sein. Andererseits waren es aber auch Tränen der Verzweiflung und des Schmerzes, denn mir wurde ganz deutlich bewusst, wie der größte Teil meiner Umgebung auf mich reagiert: mit Ablehnung.

> Die vertraute Welt des Hungerns wieder zu verlassen war sehr, sehr schwer.

Ich fühlte mich furchtbar allein, einsam, unverstanden.

Dieses Gefühl der totalen Einsamkeit ist allgegenwärtig. In Gesellschaft spüre ich es oft noch intensiver als dann, wenn ich mit mir allein bin.

Die vertraute Welt des Hungerns, die ich mir erschaffen hatte, wieder zu verlassen war sehr, sehr schwer. Die ersten Schritte zu tun war unendlich mühsam. Ich wusste nicht, wohin ich gehen sollte, welche Richtung ich einschlagen, welches Ziel ich verfolgen sollte. Der Weg aus der Krankheit heraus ist ein andauernder Prozess in vielen Etappen.

Sehr wichtig war es, den Zeitpunkt, an dem ich mich zum Handeln entschloss, an dem ich wieder zu essen begann, selbst bestimmen zu können. Hilfsangebote lehnte ich ab; lange hatte ich noch den Anspruch, es allein schaffen zu wollen. Und wenn das schon nicht möglich war, wollte ich wenigstens allein entscheiden können, wann, wo und von wem ich mir Hilfe holte. Es war wichtig, eine neutrale Per-

Kauen und schlucken. Für mich war es das Schwerste. Es bedeutete das Eingeständnis meiner Niederlage.

son zu finden, jemanden, zu dem niemand in meinem Umfeld in Kontakt stand.

Zu Beginn meiner Therapie fiel es mir schwer, mich in diesem Raum, der für mich offen stand, der mir und meinen Gedanken Platz bot, zurechtzufinden. Ich konnte ihn nicht füllen. Denn so viel Raum, um mein Inneres auszubreiten, wo ich ernst genommen wurde und meinen Gedanken Aufmerksamkeit gezollt wurde, war mir vorher nie zugestanden worden.

Ich hatte einen Schritt in die richtige Richtung getan, unmittelbares Handeln folgte darauf jedoch noch nicht. Ich aß nach wie vor sehr wenig. Ich hatte noch zu große Furcht, war noch nicht bereit für echte Veränderungen.

Ich erbat mir von meiner Familie und von mir selbst immer wieder Aufschub, setzte mir immer neue Fristen. Ich musste erst bis an die Grenze gehen.

Erst als es für mich absehbar wurde, dass ich bald nicht mehr die Möglichkeit hätte, aktiv zu entscheiden, weil mein Körper mir seinen Dienst versagen würde, wurde ich «aktiv». Denn größer als die Angst, meine Krankheit aufzugeben, war die Angst, dass Fremde über mich bestimmen würden, dass ich kein Mitspracherecht mehr über mich selbst hätte.

Dieser Zeitpunkt war erreicht, als ich im wahrsten Sinne des Wortes Todesangst verspürte.

Ich hatte Angst vor dieser Sucht, die mich zerstörte und nicht aus ihren Klauen ließ; die mich immer wieder antrieb, mich selbst zu hintergehen, mich immer weiter Richtung Abgrund stieß. Mir wurde klar, dass es allein in meiner Hand lag, etwas zu ändern, dass mir andere zwar helfen können, aber dass letztendlich ich es bin, die die Initiative ergreifen muss. Die essen muss.

Kauen und schlucken. Prinzipiell ein kinderleichter, automatischer Vorgang. Für mich war es das Schwerste. Es bedeutete das Einge-

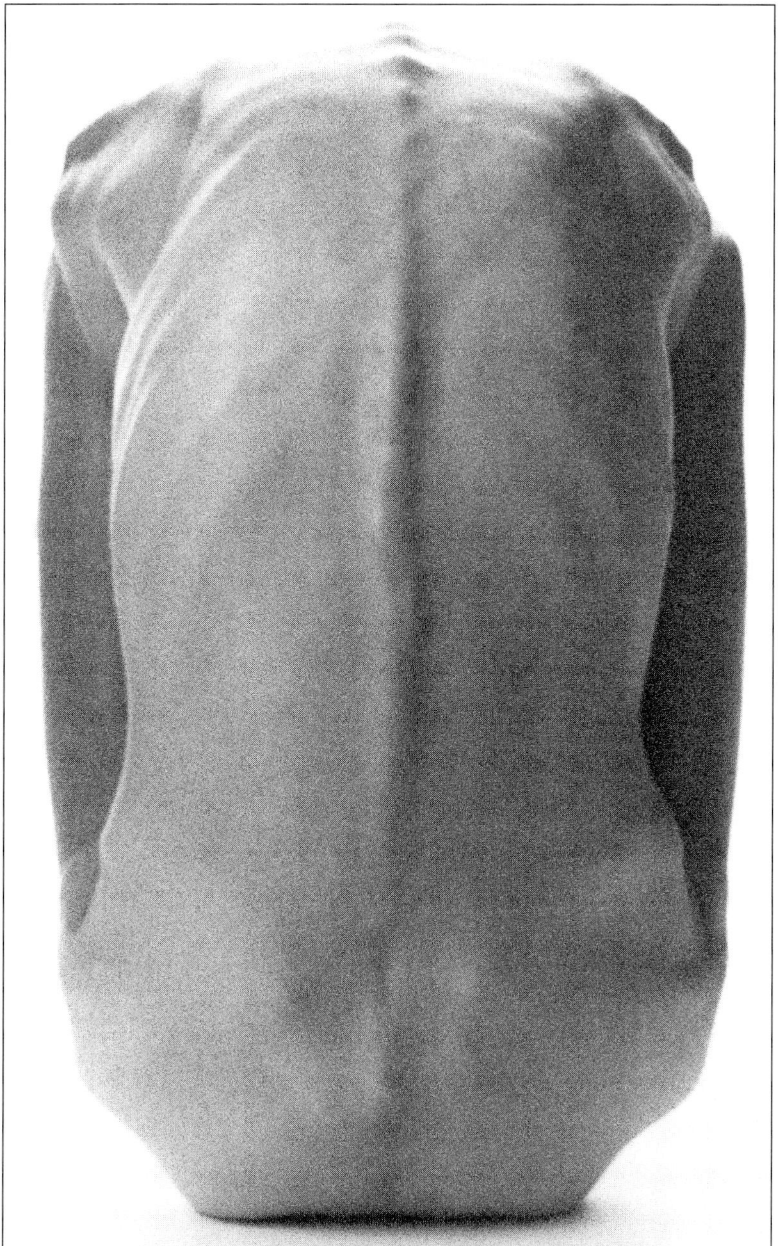

ständnis meiner Niederlage. Es war eine schmerzliche, erniedrigende Erfahrung für mich, darum zu wissen, aber nicht handeln zu können.

Bis dahin war ich davon überzeugt gewesen, dass man etwas nur fest genug wollen muss, um es zu erreichen. Heute weiß ich, dass es Mächte im Inneren gibt, die verhindern, dass aus Wollen Taten werden. Ich war wie gelähmt, erstarrt, lethargisch. Der Feind in meinem Kopf war so unglaublich stark. Stärker als ich.

Ich schaue zurück auf einen Tag, der der absolute Tief-, gleichzeitig aber auch Wendepunkt war. Es war das erste und bisher einzige Mal, dass ich bereit war aufzugeben.

Ich hatte jegliche Lebensfreude, jeglichen Lebenswillen verloren. Alles war mir gleichgültig, und um dieser totalen Gleichgültigkeit willen hasste ich mich mehr denn je. Ich hasste mich, weil ich so unfähig war, endlich zu handeln, und schämte mich grenzenlos. Ich wollte niemanden sehen noch sprechen, denn ich fühlte mich als für andere unzumutbare Kreatur.

Es war der schwärzeste Tag in meinem Leben, der Tag der totalen Kapitulation vor meiner Krankheit. Diese Kapitulation war nötig, um den Kampf gegen den Feind, gegen einen Teil meiner selbst aufnehmen zu können. Das bedingungslose Anerkennen der Macht, die diese Sucht über mich gewonnen hatte, weckte meine Stärke wieder.

> Es GIBT JETZT EIN MINIMUM, EINE BASIS, DIE ICH TÄGLICH ZU MIR NEHME, UND DIESE VERGRÖSSERT SICH NUR LANGSAM.

Zu essen war eine Qual. Nach jedem Bissen trug ich ein Gefecht aus. Die Sucht war gnadenlos, ihr war nicht zu entkommen, aber ich begann, dem Feind zu trotzen, mich ihm entgegenzustellen. Anfangs war ich meistens die Unterlegene, spuckte aus, was ich mir gerade in den Mund geschoben hatte, oder verdammte mich tagelang wegen meiner Schwäche, wenn ich doch etwas gegessen hatte. Zu essen bedeutete eine ungeheure Anstrengung, ich musste oft die allerletzten Kraftreserven angreifen, um nicht zu unterliegen.

Aber ich trug auch die ersten kleinen Erfolge davon: Wenn ich diese Willenschwäche als das Gegenteil, nämlich als Stärke annehmen konnte, ging ich als Siegerin aus dem Zweikampf hervor.

Dinge, die für andere selbstverständlich sind, wurden für mich zu großen Erlebnissen. So werde ich den Tag im Spätsommer nie vergessen, als ich meinen ersten Kirschjoghurt nach zwei Jahren Askese aß. So absurd es klingen mag: Ich konnte mich nicht mehr erinnern, wie so ein Kirschjoghurt schmeckt. Er war so verdammt lecker, süß und cremig. Ich konnte ungefähr drei Löffel davon essen, bis ich in Tränen ausbrach. In diesem Moment wurde mir so deutlich bewusst, was ich mir die letzten Jahre vorenthalten hatte, wie ich mich gegeißelt hatte.

Mittlerweile gehört die Nahrungsaufnahme wieder zu meinem täglichen Leben, jedoch immer noch nicht als etwas Selbstverständliches. Es ist sehr schwer für mich, meinen Hunger als etwas Natürliches zu akzeptieren. Manchmal verfluche ich ihn, will ihn nicht, er ist mir lästig, und ich kann ihm nur schwer nachgeben. Andererseits ist es aber auch eine schöne Erfahrung, das Essen wieder zu entdecken, Hunger zu fühlen, überhaupt zu fühlen.

Es gibt jetzt ein Minimum, eine Basis, die ich täglich zu mir nehme, und diese vergrößert sich nur langsam. Bei allem, was darüber hinausgeht, stellt sich früher oder später das Gefühl ein, dafür eine Gegenleistung erbringen zu müssen. Leistung und Essen sind immer noch stark miteinander verbunden. Ich gestehe mir an Nahrung noch nicht wirklich das zu, was ich eigentlich gerade möchte, sondern höchstens ein Stück davon, denn ich hätte noch besser sein können. Egal, was ich tue, leiste, schaffe – vor mir selbst ist es nie genug. Die Vorstellung, mir Nahrung durch besondere Leistungen verdienen zu müssen, ist tiefer in mir verankert, als ich bisher ahnte. Diesen Teufelskreis konnte ich noch nicht durchbrechen.

Die Schritte, die ich mache, sind klein. Ich kann den Weg, den ich zu gehen habe, manchmal nur schwer erkennen. Ich weiß nicht, wohin er mich führen wird. Manchmal macht mir das Angst, denn ich bleibe stehen, lege eine Pause ein oder nehme einen Umweg. Ich gehe langsam, doch mir scheint, dass mich das vor Rückschritten, vor Einbrüchen bewahrt.

Das Alte, das Vergangene ist lange noch nicht abgeschlossen, ich setze mich weiterhin damit auseinander. Doch für mich gibt es keinen Weg mehr zurück. Zu früheren Lebens- und Verhaltensweisen werde ich nicht zurückkehren. Ich werde eine neue, ganz eigene Art finden, mein Leben zu gestalten und es selbstbestimmt zu führen. Viele Tätigkeiten, viele Menschen habe ich zurückgelassen. Ich befinde mich in einer Phase des Testens. Ich versuche herauszufinden, was mir und wer mir gut tut. Ich suche meinen Raum und Menschen, die mir ihn zugestehen.

Einen Teil meiner selbst habe ich bereits wiedergefunden, aufgedeckt, enthüllt. Aber es fällt mir manchmal schwer, bei mir zu bleiben, mein Ziel, mich und meine Bedürfnisse nicht aus den Augen zu verlieren. Alles ist noch im Wachsen, nichts ist gefestigt.

> **DIE SCHRITTE, DIE ICH MACHE, SIND KLEIN. ICH KANN DEN WEG, DEN ICH ZU GEHEN HABE, MANCHMAL NUR SCHWER ERKENNEN.**

Die Ablenkungsmanöver sind vielfältig, und es fällt mir immer wieder schwer, ihnen zu widerstehen. Oft laufe ich Gefahr, den Zugang zu mir selbst und zu meinen Gedanken zu verlieren. Ich beginne mich im Kreis zu drehen, bin unruhig, stelle mich in Frage. In solchen Momenten fliehe ich und suche mir Nischen, Rückzugsmöglichkeiten, um mich wieder auf mich selbst besinnen zu können.

Ich durchlaufe sich immer wiederholende Phasen. Es tauchen immer wieder dieselben Fragen, dieselben Zweifel und Gefühle auf: Bin ich gut genug? Mache ich es richtig oder falsch? Gebe ich mir genug Mühe? Mache ich es mir nicht zu einfach? Bin ich nicht zu bequem? Sind meine Ansprüche an mich selbst nicht doch zu gering?

Die Stimme des Feindes in meinem Kopf, des Teils, der mich abwertet und zu einer kleinen, dummen, unfähigen Person degradiert, ist noch gegenwärtig. Sie ist im Lauf der Zeit leiser und schwächer geworden. Ich bemühe mich, dagegenzuhalten, ihr nicht mehr so viel Raum zuzugestehen. Aber ich habe einen starken Gegner. Oft wünsche ich mir einen Waffenstillstand, eine Pause, um wieder Kraft für die nächste Runde tanken zu können. Es gelingt mir selten, mir diese Ruhe zuzugestehen, denn ich habe immer noch Angst davor, nicht wieder aufzustehen; zu viel Gefallen an dem Sich-gehen-Lassen zu finden, faul zu werden.

> **Die Stimme des Feindes in meinem Kopf ist noch gegenwärtig. Ich habe einen starken Gegner.**

Ich weiß nicht, wie viele Umwege ich noch werde gehen müssen, wie viele Bäume mir die Sicht verbauen, wie viele Straßensperren mich zwingen werden, meine Richtung zu ändern. Aber ich weiß, meine Suche wird nicht in einer Sackgasse enden. Mein Ziel ist es herauszufinden, was ich bin, zu wem ich gehöre, was meine Eigenschaften sind. Ich will herausfinden, wo meine Stärken, meine Schwächen liegen. Was meine Fähigkeiten sind. Diese Fragen, aus denen sich Identität zusammensetzt, beginne ich zu erforschen. Das ist mein Ziel: meine Identität zu kennen, sie schätzen und akzeptieren zu können.

NACHTRAG

Es ist ein Jahr vergangen, seit ich diesen Text geschrieben habe. Ich schrieb ihn damals für mich allein, ohne den Vorsatz oder auch nur den Gedanken daran, dass jemals etwas davon veröffentlicht werden würde.

So lange hatte ich alles in mir selbst getragen, verborgen, gefangen in meinen eigenen und den mir von außen übergeworfenen Netzen. All das zu Papier zu bringen half mir, mich aus den Netzen zu winden.

Ich bin heute nicht mehr in dem Maße gefangen wie früher, aber verheddern tue ich mich noch immer. Ich muss eine Tatsache akzeptieren lernen, die ich lange nicht wahrhaben wollte: dass die Magersucht mein Leben verändert hat, dass ich nie wieder die Gesa sein werde, die ich einmal war. Die, die unbeschwert und mit Leichtigkeit ihr Leben lebt. Aber ich frage mich heute: War ich überhaupt jemals so unbeschwert?

Nein, sage ich heute. Denn im Rückblick auf mein (kurzes) Leben sehe ich, dass ich schon immer etwas in mir getragen habe, eine graue schwarze Wolke, die mein Leben verdunkelt hat, die mir das Gefühl gegeben hat, nicht mit demselben Recht auf dieser Welt existieren zu dürfen wie alle anderen. Aber ich litt damals nicht darunter, denn ich konnte es nicht so spüren. Um mich herum gab es Menschen, die mich liebten, die einfach da waren. Diese Menschen gaben mir Halt und Selbstvertrauen, sie verdeckten die Wolke oder ließen sie weniger bedrohlich erscheinen. So lange, bis ich sie aus meinem Leben verbannte, weil ich für mich erkannt zu haben glaubte, dass ich es nicht wert bin, von ihnen geliebt zu werden. Ich schloss sie aus meinem Leben aus, weil ich spürte, dass der Teil, den sie lieben, unendlich klein ist. Der Teil dagegen, den ich nie gezeigt hatte und mich auch nicht zu zeigen getraute, ist

> **ICH MUSS AKZEPTIEREN LERNEN, DASS DIE MAGERSUCHT MEIN LEBEN VERÄNDERT HAT.**

unendlich groß. Es gab nur noch die schwarze Wolke und mich.

Dieses Selbstvertrauen, das mir früher von anderen gegeben wurde, möchte ich jetzt in mir selbst finden. Das ist nicht leicht, denn ich kann mich nicht von dem Anspruch lösen, dieses Selbstwertgefühl nur aus mir selbst schöpfen zu müssen. Der Teufel auf meiner Schulter legt mir oft Steine in den Weg. Denn mein Augenmerk liegt noch immer auf all meinen Fehlern und Unzulänglichkeiten. Das Positive in mir erkenne ich schwer. Wenn andere es mir vor Augen führen, bin ich im ersten Moment verwundert, im zweiten freue ich mich, und jetzt endlich, im dritten, kann ich es doch nicht annehmen, weil ich immer noch die Befürchtung habe, sie sehen etwas in mir, was gar nicht existiert. Würde ich es trotzdem annehmen, machte ich mich schuldig.

Der Teufel auf meiner Schulter legt mir oft Steine in den Weg.

Oft habe ich das Gefühl, als bestehe ich aus einer Oberfläche, einer Hülle ohne Inhalt – was nicht verwundert, denn es kann nicht anders sein, wenn ich dem, was ich in mir finde, keinen Wert zugestehen kann.

Andererseits, soll ich denn wirklich der einzige Mensch auf der Welt sein, der dumm ist, weder Fähigkeiten noch Talente besitzt, der nichts mehr ist als Knochen, Fleisch, Organ und schlagendes Herz, umhüllt von Haut? Kann das sein?

Nein, mein Verstand sagt mir ganz laut und deutlich, dass das nicht der Wahrheit entspricht. Aber ich bin kein Kopfmensch – deshalb ist es oft schwer, diese Wahrheit für mich selbst zu erkennen. Seit ich wieder in das Leben aufgebrochen bin, ist es noch ein Stück schwieriger geworden. Der Alltag erwartet so unglaublich viel Oberflächlichkeit, zeigt von sich so viel mehr Schein als Sein, dass ich manchmal nicht mehr in diese Welt gehen will. Ich möchte sie in einen

Becher werfen, lange, lange schütteln und hoffen, dass sie etwas wacher, bewusster und menschlicher aus meinem Becher kullert. Weil das nicht geht, tue ich das, was mir im Kleinen möglich ist, in der Hoffnung, Menschen zu treffen, Menschen zu erreichen, die bereit sind, hinter ihre eigenen Kulissen zu blicken, die nicht schönreden oder den Satz «die Welt ist so schön – du musst es nur wollen» vor sich hertragen.

Ich habe in meinem eigenen Text ein kleines Stück meiner selbst gezeigt. Die Reaktionen darauf haben mich überwältigt, erfreut und ermutigt. Sie bestätigten mich in dem Glauben, dass es wichtig ist, das Thema Essstörungen weiter an der Öffentlichkeit zu halten und es immer wieder aufzugreifen. Viele, die sich vorher kaum Gedanken um ihre Essgewohnheiten gemacht hatten, sind nun durch meine Geschichte angeregt, ihr eigenes Verhalten zu beobachten. Sie berichten mir von Parallelen. Ich glaube heute, dass die Diagnose Essstörung zu einem großen Teil eine Frage des Bewusstseins ist, dass die Grenze zwischen gesundem und krankhaftem Essverhalten sehr schwer zu definieren ist. Es ist ein Seiltanz, ein schmaler Grat zwischen Fallen und Obenbleiben.
Manchmal macht mich der Rückblick auf die letzten Jahre traurig. Verschenktes Leben, vergeudete Zeit, die ich mit Hungern und Leiden verbracht habe. Aber so stimmt es auch nicht:
Durch den Fall, die Landung und die ersten Schritte nach oben habe ich mehr über mich und die Menschen gelernt als all die Jahre zuvor. Ich werde irgendwann wieder oben stehen, aber ich werde nicht mehr versuchen, jeden Tanz der anderen mitzutanzen. Mit dem Versuch, mithalten zu können, mich dem schnellen Rhythmus der anderen anzupassen, obwohl er dem meinen nicht entspricht, habe ich früher viel Zeit verbracht.
Ich habe für mich erkannt, dass das die eigentlich vergeudete Lebenszeit ist: dem Tanz der anderen folgen zu wollen, mich zu dre-

hen, wenn alle es tun, weil die Musik es vorgibt, obwohl ich schon von vornherein weiß, dass mir schlecht werden wird, wenn ich es tue.

Ich möchte zu meiner eigenen Musik tanzen und hoffe, dass es einige Menschen gibt, die dieselben Klänge hören wie ich und keine Angst haben, ihren eigenen Tanz zu tanzen.

RITA

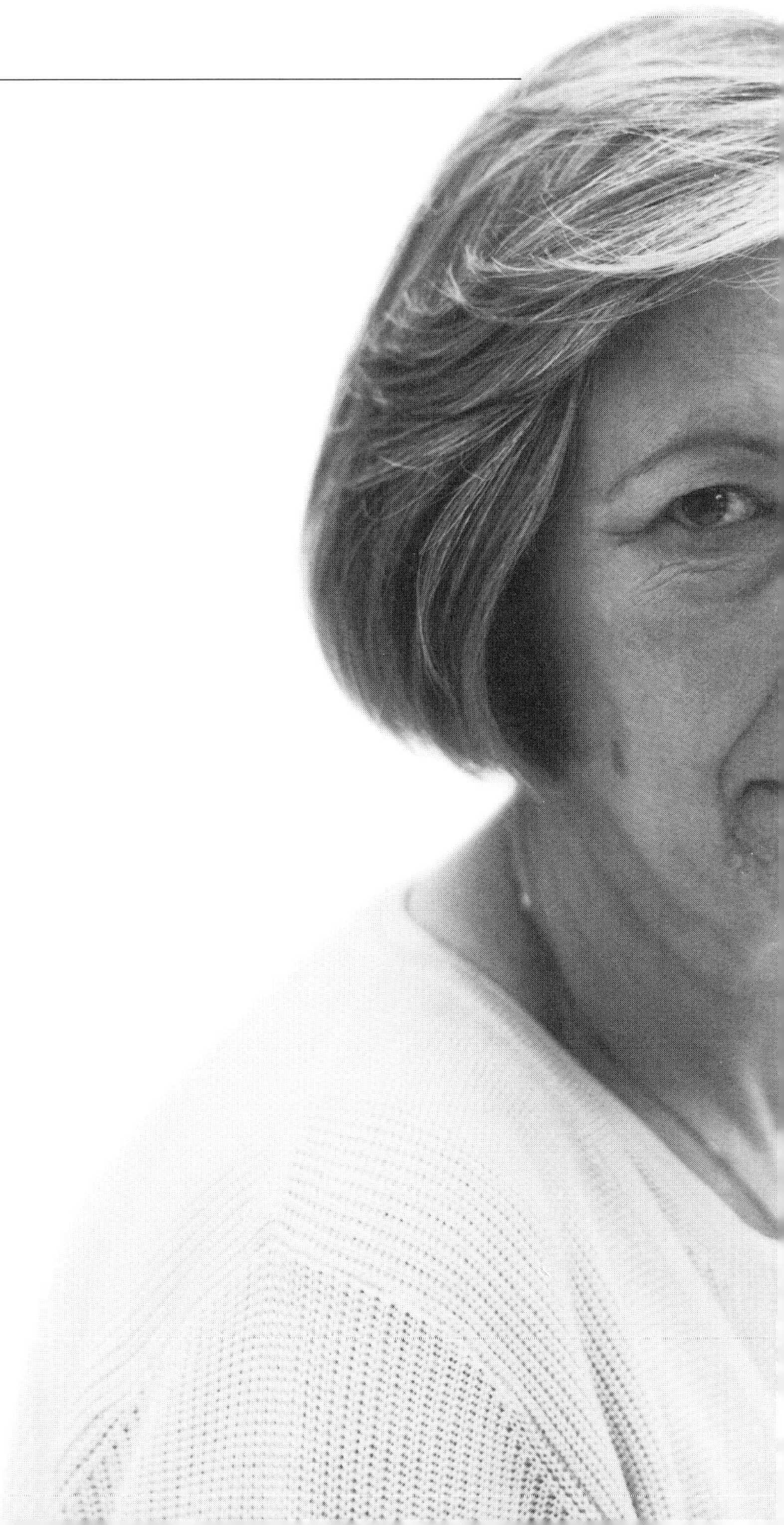

AN ESSEN

An essen kann man sich gewöhnen. Ich kann es nicht. Seit dem Zeitpunkt, da ich der Sucht des Nicht-Essens entkommen bin, weiß ich, dass ich essen muss, um mich am Leben zu erhalten. Dass ich als junge Frau magersüchtig war, weiß ich erst heute, mit 65 Jahren. Im Nachhinein kann ich mir selbst diese Diagnose stellen.

Heute ist essen eine Pflicht für mich, die ich erfülle. Nicht mehr, aber auch nicht weniger. Es ist keine Gewohnheit, die ich genieße, in die Länge ziehe oder der ich viel Aufmerksamkeit schenke.

Es ist mir egal, ob ich eine Woche lang nur Äpfel esse oder jeden Tag etwas anderes. Ich kenne weder Hungergefühle, noch habe ich Gelüste nach Schokolade oder sauren Gurken, ich esse einfach, um funktionieren zu können. Das war einmal anders, aber irgendwann, im Laufe meines Lebens, habe ich für mich beschlossen, dass Nahrung nicht zu den Dingen gehört, die in meinem Leben wichtig sind. Nicht, dass ich eines Morgens aufwachte und mir sagte: «So, ab heute ist essen nicht mehr wichtig» – es ergab sich einfach nach und nach, dass essen immer nebensächlicher wurde. Ich möchte weder viel Zeit noch Gedanken an dieses Thema verschwenden. Essen, nur des Genusses wegen, nur weil es so nett ist, gemeinsam am Tisch zu sitzen, ist mir fremd. Ich kann es nur schwer ertragen, wenn mir z. B. mein Sohn gegenübersitzt und sich das dritte Schnitzel auf den Teller lädt. Ich werde dann wütend. Er ist ein richtiger Brocken, dick, groß, breit. Ich finde, das muss nicht sein, es ärgert mich, wenn er sich so gehen lässt. Ich erwarte, dass man sich im Griff hat. Ich erwarte das von mir selbst und von den Menschen, die mir wichtig sind, wie zum Beispiel meinem Sohn. Sie sollen sich bemühen, nicht aus der Form und Norm zu gehen. Ich kann für Menschen, die sich gehen lassen und sich selbst nicht unter Kon-

> ES IST MIR EGAL, OB ICH EINE WOCHE LANG NUR ÄPFEL ESSE ODER JEDEN TAG ETWAS ANDERES. ES ERGAB SICH EINFACH NACH UND NACH, DASS ESSEN IMMER NEBENSÄCHLICHER WURDE.

trolle haben, kein Verständnis, geschweige denn Anerkennung aufbringen.

Ich war selbst einmal dick. Im Alter von 16 Jahren wog ich bei einer Größe von 1,70 m zwischen 75 und 84 Kilo. Ich habe mich nicht unwohl gefühlt, meine Körperform spielte in diesem Alter für mich noch keine besondere Rolle. Ich war einfach rund und dick, weil ich besonders gern und besonders viel aß. Wenn wir beim Mittag- oder Abendbrottisch saßen, forderte meine Mutter mich auf, weniger zu essen. «Muss denn dieses zweite Kotelett auch noch sein, kannst du dich nicht mal ein bisschen zusammennehmen!» Ich konnte schon, aber ich wollte nicht. Und weil meine Mutter sich wünschte, ich sollte das zweite Kotelett liegen lassen, dann aß ich es erst recht. Aus Trotz.

> ICH WAR DER KLEINE ELEFANT. IN DER SCHULE WURDE ICH AUFGEZOGEN, ABER ICH GEHÖRTE TROTZDEM DAZU. ICH WAR NIE AUSSENSEITERIN.

Ich habe nicht nachgefragt, aber ich glaube, meine Eltern schämten sich ein bisschen, weil ihre älteste Tochter schon rein äußerlich aus dem Rahmen fiel. Ich durfte keine Hosen tragen, keine Röcke oder kurzen Kleider. Sie achteten darauf, dass ich, mit der Figur, die ich hatte, anständig angezogen war. Das heißt, dass ich meinen Körper nicht zur Schau trug und meine dicken Schenkel unter weiten langen Kleidern verbarg.

Ich hatte auch wirklich keine Form, die zur öffentlichen Präsentation geeignet war. Das war für mich aber kein Problem. Ich war eben keine schöne Gazelle wie meine jüngere Schwester, ich war der kleine Elefant. In der Schule wurde ich aufgezogen, ab und zu ließ jemand eine Bemerkung fallen, aber auch das nahm ich auf die leichte Schulter, denn ich gehörte trotzdem dazu. Ich war nie Außenseiterin. Meinen Freunden war es egal, ob ich nun dick, dünn, groß oder klein war. Deshalb konnte es auch mir egal sein.

Das änderte sich, als ich begann, mich für das andere Geschlecht zu interessieren. Da erfuhr ich, dass ich als dicke Frau zwar nicht ausgeschlossen, aber auch nicht so vollständig, selbstverständlich angenommen wurde. Irgendwie gingen die Männer anders mit mir um als mit den schönen, schlanken Frauen.

> **Das, was die andere an Vorzügen hatte, musste auch ich haben. Einen schönen Körper.**

Der Entschluss abzunehmen reifte in mir, als ich meinen heutigen Mann kennen lernte. Er konnte sich damals nicht zwischen einer Freundin und mir entscheiden. Sie war hübsch, zog alle Blicke auf sich, wo immer sie auch auftauchte. Sie war diejenige, mit der er sich zeigte, mit der er sich gern schmückte. Sie gingen auf Bälle, ins Kino, zum Schwimmen. Ich war diejenige, mit der er gut reden und albern sein konnte. Der Mann, den ich begehrte, hüpfte zwischen uns hin und her. Je nachdem, wandte er sich mir oder eben der anderen Frau zu.

Irgendwann hatte ich diesen Konkurrenzkampf satt. Ich wollte dazugehören, auf denselben Festen tanzen und diesen Mann ganz für mich gewinnen. Was ich tun musste, um dieses Ziel zu erreichen, war klar. Das, was die andere an Vorzügen hatte, musste auch ich haben. Einen schönen Körper. Das ging ich ganz gezielt, ganz bewusst an. Ich begann, Sport zu treiben und die Portionen auf meinem Teller zu verringern. Erst ließ ich das zweite Kotelett liegen, dann aß ich nur noch ein halbes, bis es irgendwann gar keinen Platz mehr auf meiner Speisekarte fand.

Ich kann mich noch sehr gut an das Gefühl des Erfolgs erinnern, als ich zum ersten Mal unter 70 Kilo wog. Ich näherte mich dem Idealmaß an, passte mit diesem Gewicht schon ganz gut in die damalige Norm.

Und ich hatte Erfolg in Sachen Liebe. Dieser Mann, um dessentwillen ich abnahm, entschied sich tatsächlich für mich. Ich hatte mich vom grauen zum weißen Schwan gemausert. Jetzt konnte man nicht nur gut mit mir reden, sondern sich zudem mit meiner Schön-

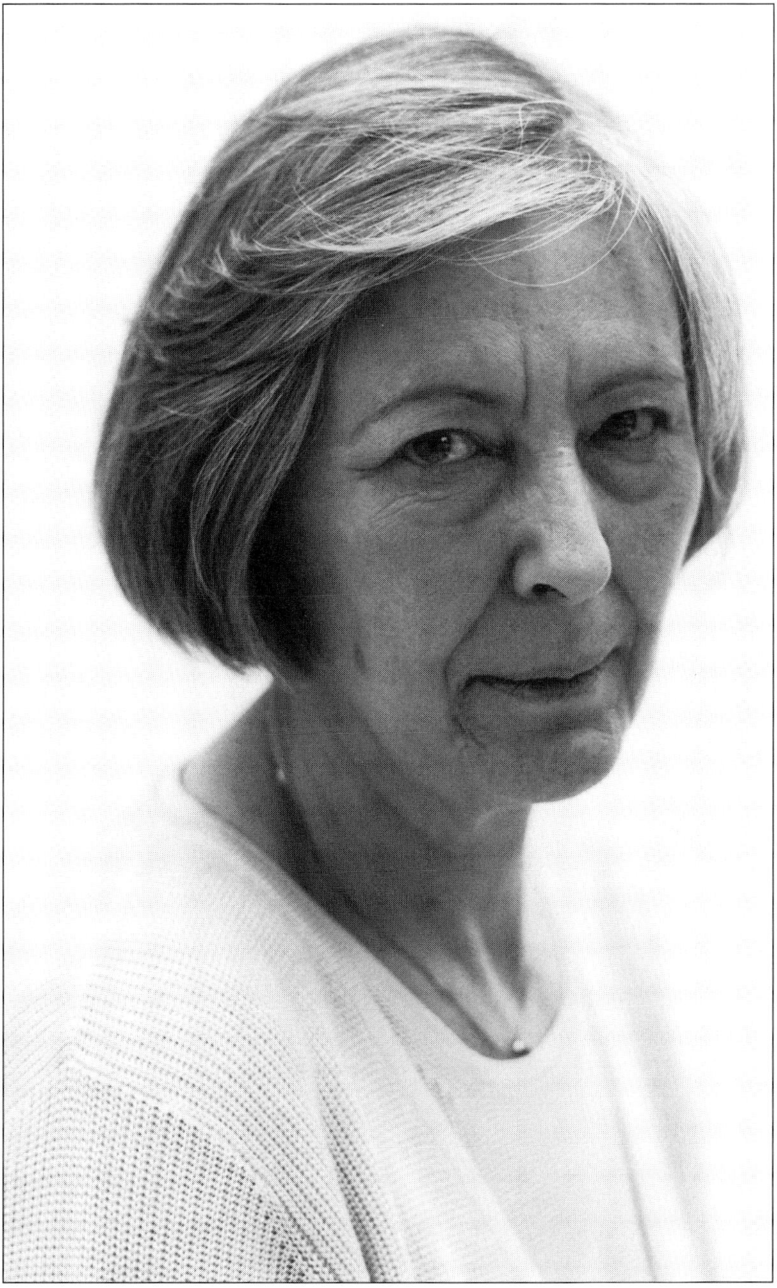

heit schmücken. Ich war die perfekte Partnerin. Und fühlte mich prächtig. Das Leben war angenehmer, leichter, jetzt, da ich auch äußerlich dem Ideal entsprach.

> ICH WAR MIT SEELISCHER NAHRUNG VERMEINTLICH VERSORGT, ALSO WARUM NOCH DEN KÖRPER ERNÄHREN?

Ich kann den Zeitpunkt nicht bestimmen, an dem weniger essen in gar nicht mehr essen umschlug. Ich wurde einfach immer dünner.

Ich habe darunter nicht gelitten, mich quälten keine Hungergefühle. Nicht zu essen bedeutete für mich keine Entsagung. Meine wichtigsten Bedürfnisse waren erfüllt, ich gehörte dazu, war anerkannt und wurde von dem Mann geliebt, den ich begehrte. Das Leben lief. Essen interessierte mich nicht, es gehörte wie selbstverständlich nicht mehr zu meinen Leben. Irgendwann habe ich die Kontrolle verloren, habe eine unsichtbare Grenze überschritten, hinter der die Sucht lauerte. Ich bestimmte mein Leben nicht mehr – die Sucht bestimmte es. Diese Tatsache war mir gar nicht bewusst, ich sah den Abgrund nicht, auf den ich mich unaufhaltsam zubewegte, denn der äußere Schein des Glücks versperrte mir die Sicht. Ich litt nicht. Oder ich spürte mein Leiden nicht, denn die Oberfläche meines Lebens war so glatt. Ich hatte einen Mann, der mich liebte, eine Arbeit, die mir Spaß machte, Freunde. Ich war mit seelischer Nahrung, vermeintlich, versorgt, also warum noch den Körper ernähren? Es wurde auch von niemandem ausgesprochen. Es wurde nie nach den Ursachen oder Gründen gefragt, weil niemand gewusst hätte, wonach er hätte fragen sollen. Auch ich nicht. Außerdem war ich ja nicht unglücklich, ich konnte nur nicht essen.

Meine Eltern fragten nicht: «Warum isst du denn so wenig? Hat es einen Grund, warum du die Scheibe Brot auf deinem Teller hin und her schiebst?» Sie schenkten meinem Verhalten nur so weit Beachtung, als sie mich aufforderten: «Kind, nun iss gefälligst!»

Ich behauptete dann immer steif und fest, ich sei mit einer viertel

Scheibe Brot am Tag zufrieden. Nicht nur zufrieden, sondern satt. Und das glaubte ich wirklich. Es war für mich zu diesem Zeitpunkt, in der Rückschau, kein Kampf gegen meinen Körper mehr, kein Kampf gegen zu viel Speck auf den Rippen. Den hatte ich ja bereits gewonnen, er hatte mir die Form gegeben, die dem Ideal entsprach. Dass ich mich langsam wieder von diesem Ideal entfernte, und zwar in die entgegengesetzte Richtung, war mir nicht bewusst. Ich fand mich schön, und die Aufmerksamkeit, die ich als langbeinige, blonde Elfe fand, wollte ich auch nicht mehr missen.

Ich kämpfte jetzt um etwas anderes, aber die Waffe blieb dieselbe, weil sie die einzige war, die mir zur Verfügung stand. Mit Nahrungsverweigerung war ich schon einmal erfolgreich gewesen. Ich benutzte sie nun, um gegen meine Eltern zu kämpfen. Ich kämpfte um Selbstbestimmung. Sie achteten jetzt zunehmend darauf, wie viel ich aß. Während sie mich früher vom Essen hatten abhalten wollen, drängten sie mich jetzt dazu. Einmal hü und einmal hott – da machte ich nicht mit. Nicht essen machte Sinn für mich, es war eine Möglichkeit, mich gegen sie zu stellen.

Ich habe sie teilweise regelrecht betrogen. Ich stand morgens zeitig auf, bedeckte meinen Frühstücksteller mit Krümeln, damit es so aussah, als hätte ich gegessen. Sie fielen darauf herein, und das leidige Thema Essen war aus der Welt. Krümel auf dem Teller – Kind war brav – Kind hat gegessen – alles ist gut.

Mein Freund, mein heutiger Mann, ließ Bemerkungen fallen, bei mir stünde jeder Knochen vor oder für mich müsse man die Tür nicht öffnen, ich würde durchs Schlüsselloch passen. Das prallte an mir ab. Ich realisierte mich und meinen Körper nicht. Ich fand mich mit jedem Kilo schöner, das ich abnahm.

> Ich realisierte mich und meinen Körper nicht. Ich fand mich schön, mit jedem Kilo mehr, das ich abnahm.

Als ich 23 Jahre alt war, wurde ich krank. Ich wusste nicht, was es war, wurde aber nach einiger Zeit mit der Diagnose Gelbsucht in ein Krankenhaus eingeliefert. Ich hatte mir einen Virus eingefangen. Mit 40 Kilo galt ich zwar als unterernährt. Bedeutung wurde dem jedoch weder von familiärer noch von medizinischer Seite beigemessen. Ich hatte Gelbsucht, das war vielleicht nicht schlimmer, als unterernährt zu sein, hatte aber den Vorteil, dass man es behandeln konnte. Denn man kannte den Gegner. Gelbsucht war als Krankheit anerkannt – Magersucht gab es nicht. Ich blieb drei Monate im Krankenhaus. Dort nahm ich noch weitere fünf Kilo ab. Mein unterstes Gewicht war also 35 Kilo – das heißt, wahrscheinlich waren es noch ein, zwei Kilo weniger. Bevor ich auf die Waage musste, hatte ich vorsorglich viel Wasser getrunken.

Wegen der Hepatitis konnte ich bestimmte Lebensmittel nicht zu mir nehmen, die ich hätte essen sollen. Ich vertrug sie nicht mehr, weil mein Magen sie nicht mehr gewohnt war. Er konnte sie einfach nicht mehr aufnehmen. Das stellte eine weitere Drehung, eine weitere Schlaufe dar, die es mir unmöglich machte, dem Teufelskreis der Sucht zu entkommen. Aber wahrscheinlich war ich zu diesem Zeitpunkt auch nicht so weit, dass ich überhaupt entkommen wollte.

Ich kann selbst heute nicht genau sagen, warum ich nicht essen wollte, nicht essen konnte. Mir wurde Nahrung gebracht, jeden Tag auf einem Tablett präsentiert. Ich konnte nicht schlucken. Ich habe das Schlucken schlicht verweigert. Die Gelbsucht kam allen Beteiligten als willkommene Erklärung gelegen. Die vermeintliche Ursache war endlich gefunden, der Zustand meines Körpers konnte auf etwas zurückgeführt werden. Und ich hatte vor mir selbst und vor anderen eine Ausrede gefunden, warum ich weiterhin nicht essen konnte. Ich war nicht magersüchtig – ich war gelbsüchtig.

> **Ich konnte nicht schlucken. Ich habe das Schlucken verweigert.**

Die Ärzte wussten sich nicht zu helfen. Irgendwann bekam ich Infusionen und wurde künstlich ernährt. Ich nahm dadurch nicht nennenswert zu.

Ich weiß nicht, ob es als Schocktherapie dienen sollte oder eine Kapitulation der Ärzte bedeutete, aber irgendwann wurde ich verlegt und musste mit einer sterbenden Frau das Zimmer teilen. Ich dachte, die Ärzte hätten mich als hoffnungslosen Fall ad acta gelegt, aufgegeben. Abgeschoben in das Sterbezimmer. Aber es war mir gleichgültig. Mein Wille war tot. Leben oder sterben, wen interessierte das schon? Mich nicht. Ich war zu schwach und krank, um überhaupt noch etwas zu fühlen oder zu wollen. Ich war bereit, mich meinem Schicksal zu ergeben. Ich kann mich noch sehr gut daran erinnern, wie ich zusammengesunken im Türrahmen saß und den Wunsch äußerte, nach Hause zu dürfen. Zum Sterben wollte ich nach Hause. Meine Eltern waren Wochen zuvor gebeten worden, Abstand von mir zu nehmen, mich nicht so oft im Krankenhaus zu besuchen. Ihnen war, von ärztlicher Seite, angeraten worden, doch für einige Zeit in den Urlaub zu fahren. Ich hatte sie während meines Krankenhausaufenthaltes regelrecht tyrannisiert, hielt sie mit den banalsten Forderungen auf Trab. Vielleicht war es ein Ringen um Aufmerksamkeit, vielleicht wollte ich das Gefühl, dass sie sich um mich sorgten und ich sie in der Hand hatte, bis zur Neige auskosten. Genau sagen kann ich das heute nicht. Die Mediziner jedenfalls hielten es für sinnvoller, wenn ich keinen Kontakt zu meinen Eltern hätte.

> AUS ERZÄHLUNGEN WEISS ICH, DASS ICH DAMALS SO DÜNN WAR, DASS MIR KEINE STRÜMPFE MEHR PASSTEN. SIE FIELEN EINFACH VON MEINEN BEINEN HERUNTER.

Meine Gelbsucht war abgeklungen, und so stand meiner Entlassung nichts mehr im Wege. Aber die Unterernährung war ein Übel, dem einfach nicht beizukommen war. Die Ärzte entließen mich Knall auf Fall. Ich kehrte in ein leeres Zuhause zurück, denn meine Eltern waren ja im Urlaub. Sie wurden benachrichtigt, und bis sie zurückkehrten, übernachtete ich bei meiner Großmutter, die ihrerseits im Sterben lag. Eine Tante wurde gebeten, dafür zu sorgen, dass ich etwas zu essen hätte. In der Nacht, in der meine Eltern zurückkehrten, starb meine Oma. Auf ihrer Beerdigung hatte ich ein einschneidendes Erlebnis: Als ihr Sarg heruntergelassen wurde, hörte ich, wie jemand in meine Richtung sagte: «Die könnten wir eigentlich gleich dazulegen!» Da wurde mir für einen kurzen Moment der Ernst meiner Lage bewusst. Aus Erzählungen weiß ich, dass ich damals so dünn war, dass mir keine Strümpfe mehr passten. Sie fielen einfach von meinen Beinen herunter. Aber ich unternahm nichts. Die Umstände, die nötig gewesen wären, damit ich zum Kühlschrank ging und mich bediente, waren nicht gegeben. Eine Entscheidung aus mir heraus war nicht möglich, weil dem immer schon tausend Aufforderungen vorausgegangen waren. Ich hätte nicht anfangen können zu essen, weil es mir nicht als meine eigene Entscheidung vorgekommen wäre, sondern als klein beigeben. Als folgsames Gehorchen. Und das wollte ich nicht, diese Genugtuung wollte ich niemandem gönnen.

> **Wahrscheinlich hasste ich meine Eltern, weil sie mich zum Essen zwangen. Ich wollte sie bestrafen, weil sie über mich bestimmten.**

Da ich noch nicht wieder arbeitete, machte ich mich im Haushalt nützlich. Ich putzte wie eine Verrückte, ganz penibel, mit ungebremstem Eifer. Außerdem kochte ich. Ich sorgte dafür, dass immer die besten Gerichte auf dem Tisch standen. Meine Eltern zwangen mich mitzuessen. Meinem Vater platzte oft der Kragen, wenn ich versuchte, mich zu weigern. Also aß ich, was mir auf den Teller geladen wurde. Danach war mir immer unheimlich schlecht. Die Portionen, die ich hineinzwängen musste, waren zu viel für meinen Magen. Ich vertrug diese Mengen, diese normalen Lebensmittel einfach nicht mehr. Weil mir dann so furchtbar übel war, aß ich die nächsten Tage wieder überhaupt nichts. Ein Zurückkehren zu einem normalen Essverhalten war unter diesen Bedingungen unmöglich. Wahrscheinlich hasste ich meine Eltern, weil sie mich zum Essen zwangen. Ich begann wiederum, sie zu tyrannisieren, ging bei jeder Gelegenheit an die Decke. Ich wollte sie bestrafen, weil sie über mich bestimmten und mir keine Möglichkeit ließen, selber wieder zu entdecken, was gut für mich ist.

Die Forderungen meiner Eltern waren einfach zu groß. Erst sollte ich nicht so viel essen, den Gefallen hatte ich ihnen getan, und nun sollte ich essen, und zwar viel. Ich kam da nicht mit und weigerte mich immer vehementer, ihrem Diktat Folge zu leisten. Das «Kind, nun iss!» kam zu spät, mein Kopf hatte nur das «Iss nicht so viel» der Kindertage verinnerlicht.

> ICH WAR UNBEOBACHTET. FREI VON DIESEN ZWÄNGEN KONNTE ICH WIEDER SCHLUCKEN.

Mein Vater sorgte dann dafür, dass ich sehr schnell an meinen ursprünglichen Arbeitsplatz zurückkehrte. Die schwierige Tochter wurde sozusagen «ausgelagert».

An meinem ersten Arbeitstag ging ich, ganz in Schwarz gekleidet, über einen Flur zu meinem Büro. Der damalige Betriebsleiter kam mir entgegen und erschrak bei meinem Anblick. Ich war ja immer noch ein Skelett. Dieser Mann setzte sich umgehend mit meinen Eltern in Verbindung, und es dauerte keine acht Stunden, da saß ich im Zug nach Bad Gastein. Dort gab es ein Hotel, in dem leitende Angestellte aus aller Welt Kuraufenthalte verbringen konnten. So einen Kurplatz bekam ich nun von meiner Firma zugestanden. Es war Oktober und das Haus deshalb nur spärlich belegt. Ich lernte dort eine Journalistin kennen, die etwas älter war als ich. Sie übernahm für mich eine Art Mutterfunktion. Ich erzählte ihr, wie es dazu gekommen war, dass ich nun hier in Bad Gastein war, erzählte ihr, dass alle Welt glaubte, ich sei zu dünn. Ich selbst war davon nicht überzeugt. Ich habe mich, glaube ich, zu keinem Zeitpunkt meiner Krankheit selbst wahrgenommen. Und wenn, dann war es nicht mehr als ein kurzes Aufflackern. Ich war nie zu der Einsicht gelangt, dass ich mich selbst zerstörte. Ich schob, genauso wie alle anderen, die Gelbsucht und ihre Folgen als Erklärung für meine Unterernährung vor mir her.

> **Nach tieferen Gründen zu suchen war unsinnig, denn ich glaubte, es gäbe keine tieferen Gründe. Ausserdem hatte ich unter dem Hungern nie gelitten.**

Ich weiß nicht, wie diese fremde Frau es schaffte, was sie tat oder sagte, aber ich begann irgendwann, die Medikamente, die ich wegen der Gelbsucht weiterhin nehmen sollte, abzusetzen. Und ich begann zu essen. Morgens löffelte ich Marmelade direkt aus dem Glas. Ich hatte plötzlich ungeheuer Lust auf Süßes. Ich nehme an, dass diese Frau mit den Köchinnen redete, zumindest bekam ich plötzlich Salzburger Nockerln, Kuchen und alle möglichen Leckereien serviert. Alles Dinge, die eigentlich wegen meines Leberschadens tabu für mich waren. Es war niemand mehr da, der von mir verlangte zu essen, niemand, gegen den ich kämpfen musste, niemand, der etwas erwartete, keine Augen, die jeden Happen, der in meinen Mund gelangte, verfolgten. Ich war unbeobachtet. Frei von diesen Zwängen konnte ich wieder schlucken. Mich wundert es, dass ich auf einmal diese Lebensmittel vertrug, mein Magen hatte vorher ja andauernd rebelliert. Jetzt wehrte er sich nicht einmal gegen Schokoladentorte. Wahrscheinlich weil ich die Medikamente nicht mehr nahm.

Während meines Aufenthalts lief ich dieser Fremden hinterher wie ein Hund. Ich suchte ihre Nähe und Gesellschaft. Wir gingen spazieren und unterhielten uns über alles Mögliche. Nur mein körperlicher Zustand kam niemals zur Sprache. Ich hatte in dieser Zeit fünf Kilo zugenommen und fühlte mich gut damit. War richtig stolz. Ich folgte wieder meinen natürlichen Instinkten. Trotzdem, ich fragte mich nicht, was mich zuvor daran gehindert hatte, normal zu essen. Ich zog keinerlei Vergleich. Die neu gewonnene Energie, das Wohl-

befinden, das ich nun spürte, bedeuteten für mich nicht, dass ich zuvor gelitten, in einer selbst zerstörten Utopie gelebt hatte.
Als ich mich auf dem Bahnhof von dieser Frau verabschiedete, nahm sie mich in den Arm und sagte: «Du hast es geschafft!» Ich habe sie nie wieder gesehen und kenne nicht einmal ihren Nachnamen.

Essen gehörte von nun an wieder zu meinem Leben. Niemand fragte, warum ich nun plötzlich wieder Nahrung zu mir nahm. Es wurde einfach so hingenommen. Alle waren zufrieden, dass das Problem aus der Welt war und ich wieder funktionierte. Ich empfand das, glaube ich, nicht als etwas Negatives. Ich hatte das eben, wie alles in meinem Leben, mit mir allein abgemacht. Und wenn mich jemand gefragt hätte, warum ich vorher nicht hatte essen können, ich hätte keine Antwort gewusst außer der, dass es eine Folge der Gelbsucht war, dass ich nicht so viel essen konnte wie andere. Ich hatte auch nicht das Bedürfnis, mir selbst zu erklären, was mit mir los gewesen war. Nach tieferen Gründen zu suchen war unsinnig, denn ich glaubte, es gäbe keine tieferen Gründe. Außerdem hatte ich unter dem Hungern nie gelitten. Ich litt auch jetzt nicht. Die heile Welt um mich herum stand ja, ich hatte Arbeit, einen Mann, Freunde, ein Zuhause. Es gab keinen Anlass, warum es mir schlecht gehen sollte.

Ich aß zwar nicht besonders viel, aber ich aß. Es folgte eine Zeit, in der ich andauernd krank wurde. In den Jahren der körperlichen Dürre hatte ich mir nicht einmal einen Schnupfen eingefangen, nun hütete ich ständig das Bett. Vielleicht ist es für einen Menschen wie mich, der keine

> **M**EIN MANN FRAGTE NIE, WARUM ICH VOM SCHÖNEN WEISSEN SCHWAN ZUM KNOCHIGEN, HALB TOTEN ENTLEIN GEWORDEN WAR.

Schwäche zeigen kann, eine Möglichkeit, sich auszuruhen und für ein paar Wochen frei von Ansprüchen und Forderungen leben zu können, ohne es aussprechen zu müssen. Ich kann mir erst im Rückblick eingestehen, dass ich mich «ergeben» habe, und erst im Nach-

hinein zugeben, dass die Sucht Macht über mich hatte. Dass ich keine Kraft mehr hatte. Damals hätte ich das nicht getan.
Nach ungefähr einem Jahr machten sich die körperlichen Folgen der Hungerzeit bemerkbar.
Es zeigten sich starke hormonelle Störungen. Da meine Eierstöcke die Hormonproduktion eingestellt hatten, bildeten sich Zysten. Im Abstand von drei bis vier Wochen, ich nehme an, mit dem Zyklus, blähte sich mein Bauch so sehr auf, dass es aussah, als sei ich im achten Monat schwanger. Ich kam ins Krankenhaus, wo die Zysten entfernt und zudem Keile aus meinen Eierstöcken entnommen wurden. Diese Operation war ein sehr wichtiger Schritt für mich. Es war furchtbar gewesen, alle drei Wochen mit einem kugeligen Bauch zur Arbeit gehen zu müssen oder überhaupt auf die Straße zu gehen. Andauernd wurde ich angesprochen und gefragt, warum mein Bauch so dick sei, ob ich vielleicht schwanger wäre. Darunter litt ich sehr, deshalb war ich froh, als dieses Übel aus der Welt war.

Kurz nach dieser Operation heiratete ich den Mann, um dessentwillen ich einst angefangen hatte zu hungern. Er war die ganze Zeit über an meiner Seite geblieben. Er hatte dem massiven Drängen seiner Eltern getrotzt, sich von mir zu trennen. Nachbarn und Freunde hatten ihm oft nahe gelegt, mich zu verlassen, er würde allemal etwas Besseres finden als diese kranke Frau. Er blieb – allerdings lebte er in Berlin, und wir sahen uns nur selten. Lange Zeit bewegten wir uns im Umgang miteinander auf einer rein platonischen Ebene. Ich war in meiner Magerkeit nicht mehr begehrenswert als Frau, aber das spielte keine Rolle für mich. Sexualität gehörte nicht zu meinem Leben. Gesprochen wurde darüber nie. Mein Mann fragte nie, warum ich vom schönen weißen Schwan zum knochigen, halb toten Entlein geworden war. Er begleitete mich stillschweigend und abwartend, wahrscheinlich in der Hoffnung, dass sich irgendwann alles wieder von selbst einrenken würde. Und das hat es ja auch getan. Ich habe mich nie intensiv mit dieser Zeit auseinander gesetzt. Es war damals weder üblich, nach Hintergründen zu fragen, noch war die Notwendigkeit gegeben. Ich lebte und fühlte mich wohl, es gab für mich nichts «aufzuarbeiten», keine unterdrückten Gefühle oder Bedürfnisse, die ich rauslassen musste.

Ich wurde schwanger. Damals wog ich 50 kg. Mit der Geburt meines ersten Sohnes war ich das Problem «Essen» endgültig los. Ich hatte eine neue Aufgabe, hatte Verantwortung und Sorge für dieses Kind zu tragen. Mir blieb einfach gar keine Zeit mehr, mich so wichtig zu nehmen, keine Zeit, meine Krankheit wichtig zu nehmen. Und ich war froh darüber, denn ein Kind zu versorgen ist wichtiger, eine bessere Aufgabe, als sich mit Wieso-, Warum-, Weshalb-Fragen aufzuhalten. Diese «Dürrezeit» war eben ein Abschnitt gewesen, das Leben nahm seinen geregelten Gang wieder auf.

Ich habe ein paar Jahre später in einer Kiste viele Fotos gefunden, die mich in meiner «ganzen Pracht» zeigten. Bei ihrem Anblick erschrak ich vor mir selbst. Ich hatte mich nie als so furchtbar dünn gesehen. Ich zerriss diese Dokumente, denn ich konnte mich nicht mit dieser Person identifizieren und wollte nichts mit ihr zu tun haben. Sie landete im Müll, da gehörte sie hin. In meinem Leben hatte diese Person keinen Platz.

> **Das Streben nach Perfektionismus, das Leben in Extremen ist anstrengend, aber das, was ich dafür bekomme, die Erfolgserlebnisse und die Anerkennung, die ich dadurch erfahre, wiegen alles auf.**

Ich bin ein extremer Mensch und werde das immer sein. Wenn ich etwas tue, dann muss es perfekt sein, sonst bin ich nicht zufrieden. Ich überrunde mich immer wieder selbst, kann und will mich nur auf eine Sache konzentrieren. Das, was gerade ansteht, hat Priorität vor allem; was vorher wichtig war, wird nebensächlich. Zum Beispiel war ich als Hausfrau und Mutter sehr penibel, was Ordnung und Sauberkeit betraf. Die Fenster wurden nicht einfach geputzt, sie wurden geschrubbt und bearbeitet, bis ich mich darin hätte spiegeln können. Nie hätte ich jemanden empfangen, wenn es unordentlich oder dreckig im Wohnzimmer gewesen wäre. Meiner Familie ging ich damit auf die Nerven, es gab Streit wegen meiner Pingeligkeit. Aber das war ja genau das, was ich wollte, Anerkennung für meine Leistung, das Gefühl, einen Wert zu besitzen. Sauberkeit war alles.

Jetzt, da ich rund 52 Stunden in der Woche arbeite, sind mir meine Fenster gleichgültig. Es macht mir nichts aus, wenn das Geschirr nicht sofort abgewaschen und an Ort und Stelle in den Schrank geräumt wird. Ich habe meinen Wunsch nach Anerkennung und meinen Perfektionismus in ein anderes Gebiet ausgelagert, das hat mich wohltuend unabhängig von der Meinung meiner Familie gemacht. Für sie ebenso wohltuend wie für mich. Das Streben nach Perfektionismus, das Leben in Extremen ist anstrengend, aber das, was ich dafür bekomme, die Erfolgserlebnisse und die Anerkennung, die ich dadurch erfahre, wiegen alles auf. Es ist für mich eine wichtige und gute Erfahrung, stolz auf mich und meine Arbeit sein zu können. Es ist Balsam für meine Seele.

Heute wie damals lebe ich in Extremen, mit dem kleinen, aber lebenswichtigen Unterschied, dass mein Ehrgeiz sich nicht mehr auf die Zerstörung meines Körpers bezieht.

Um noch einmal auf den Anfang zurückzukommen: Essen nimmt einen kleinen Platz in meinem Leben ein, es gibt keine Waage, kein Kalorienzählen. Mein Maß, was das Gewicht betrifft, ist mein Hosenbund. Aber trotz allem – es ist vielleicht ein «Relikt» aus früheren Zeiten – gibt es immer noch eine Stimme, die mir sagt: Du müsstest, du dürftest, du solltest. Wenn ich mir zum Beispiel ein Brot schmiere, habe ich die Angewohnheit, auf eine sehr dünne Scheibe sehr viel Wurst zu streichen. Wenn ich die gegessen habe, dann ist da ab und an das leise Raunen: Eigentlich dürftest du jetzt noch eine, oder wenn meine Hose viel zu locker sitzt: Eigentlich müsstest du noch eine Scheibe essen!

Ich denke, mein Verhalten ist normal, diese Stimme hat wahrscheinlich jeder Mensch in sich, nur ist es nicht nötig, dass sie ihre Kammer verlässt und auf die Bühne tritt, wenn man ganz natürlich seiner Intuition folgt. Meiner innere Stimme hatte früher die Erfahrung gemacht, dass sie überhört wurde, deshalb macht sie sich ab und an sozusagen vorsorglich bemerkbar.

Die Angst, noch einmal magersüchtig zu werden, ist immer noch irgendwo in mir. Ich merke das vor allem in Situationen, die mich sehr belasten, bei familiären Konflikten und Krisen. Dann achte ich ganz bewusst darauf, genug zu essen, denn ich weiß heute, dass ich immer eher dahin tendiere, keine Nahrung als zu viel davon zu mir zu nehmen. Ich möchte verhindern, dass ich mich noch einmal in eine unbewusst selbst inszenierte Gefahr begebe.

Das Leben hat mehr zu bieten als einen vollen Kühlschrank und Magen, doch um dieses Mehr erfahren zu können, muss eine Basis existieren: ein funktionierender Geist und Körper.

FRANK

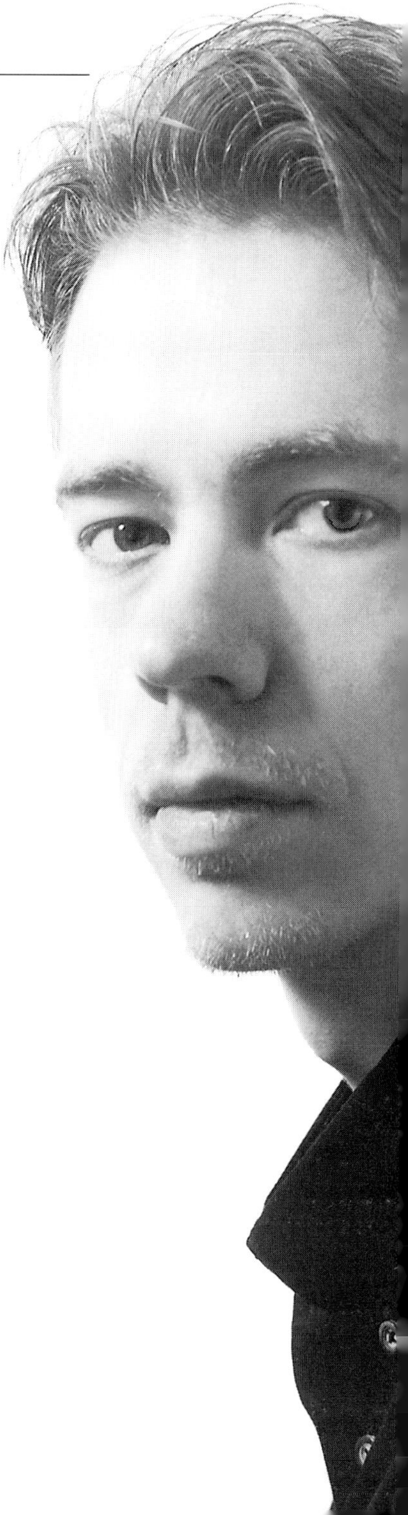

EIN MAGERSÜCHTIGER

Ein magersüchtiger Mann – ich wusste zwar, dass es sie gibt, aber ich hatte noch keinen kennen gelernt. Da Magersucht immer noch als frauenspezifisches Leiden verstanden wird und sich in der Öffentlichkeit, in den Medien kaum essgestörte Männer zeigen, hatte ich keine Vorstellung davon, was mich bei unserem ersten Treffen erwarten würde. Ich war gespannt zu erfahren, wie sich eine «männliche» Essstörung äußert. Ich hatte die irrationale Vorstellung, auf etwas Exotisches zu treffen. Etwas Fremdes, mir völlig Neues. Ich glaubte, eine andere Art und Weise, eine andere Form des «Auslebens» der Magersucht kennen zu lernen. Andere Zwänge vielleicht. Und ich lag so falsch.

Ich saß Frank gegenüber und musste erkennen, dass die Magersucht nicht fragt. Ihr ist es gleichgültig, ob jung, alt, Frau oder Mann.
Es sind Menschen, die sich in ihren Netzen verstricken, die wie Marionetten ihren eigenen Regeln gehorchen, von den unsichtbaren Fäden der Sucht, der Angst, der Verzweiflung getrieben.
Während des Gesprächs sah ich mich oft mir selbst gegenübersitzen, wie ich vor ungefähr zwei Jahren war.

So hilflos.

Ich konnte bei Frank ganz deutlich den kleinen, aber feinen Unterschied zwischen Wissen und Bewusstsein erkennen.

Frank weiß, dass etwas mit ihm nicht stimmt, er spürt, dass er leidet, weiß, dass er sich etwas antut, das in den Tod und nicht ins Leben führt, er weiß, wie paradox sein Verhalten, seine Gedanken sind.
Aber er ist sich dessen nicht bewusst.
Er glaubt, Macht über sich und Kontrolle über sein Leben zu haben.

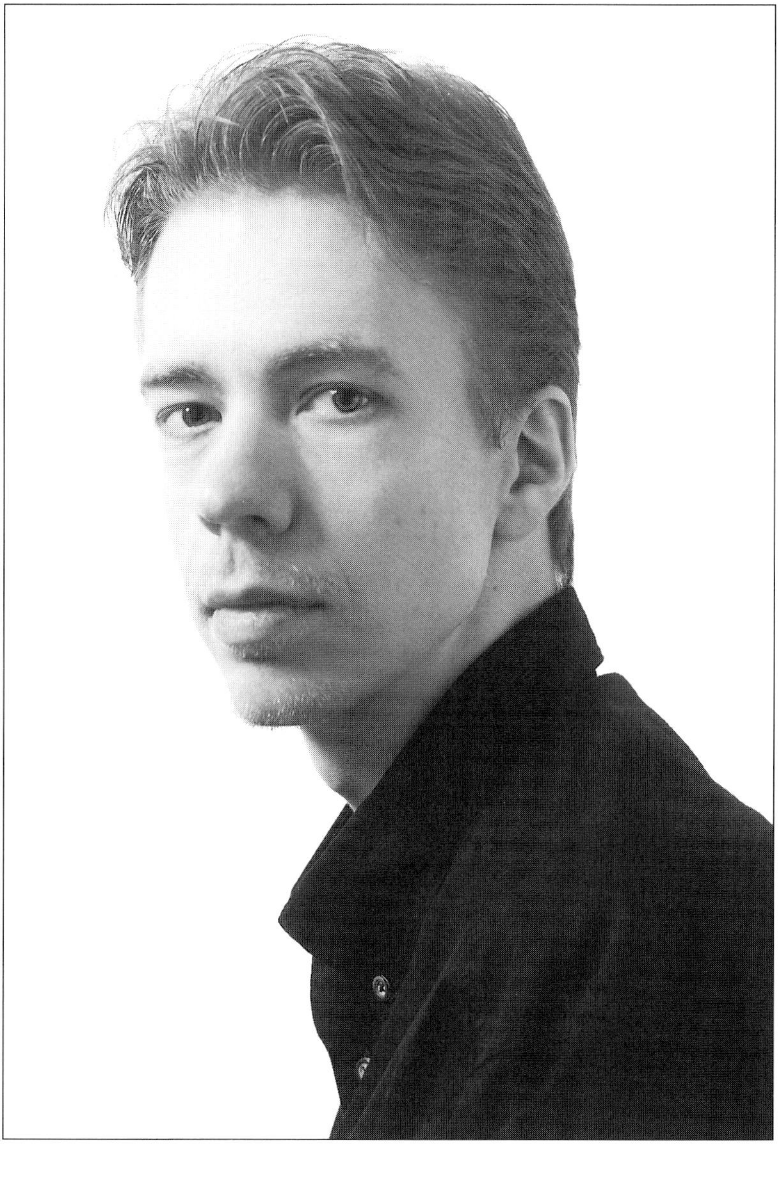

Wenn ich morgens aufwache, führt mich mein erster Gang ganz automatisch in Richtung Waage. Die Zahl, die sie anzeigt, entscheidet über meinen Wert.

Er sitzt mir gegenüber und beschreibt, wie er die letzten Tage, Monate verbracht hat, und er grinst dabei.

Doch hinter diesem Grinsen steht eine riesige Welle von Angst, Tränen, Schmerz, Entbehrung. Ich meine, sie spüren zu können.

Aber diese Welle kann noch nicht rollen. Es fällt mir unglaublich schwer, auf meinem Stuhl sitzen zu bleiben, nicht aufzuspringen, ihn zu schütteln und ihm zu sagen, dass er aufhören muss, dass er der Waage die Kontrolle entreißen muss, dass er für und nicht gegen sich kämpfen muss. Aber nur er selbst kann sich befreien, wenn er so weit ist.

Und es macht mich wütend und unglaublich traurig, auch mich selbst wieder so hilflos zu sehen.
Mir sitzt ein 27-jähriger magersüchtiger Mann gegenüber.

Seine Stimme verändert sich, wird hart, monoton: «Schlank ist schick und noch schlanker ist noch schicker!»
Bei diesen Sätzen läuft mir ein Schauer über den Rücken. Sie sind brutal und unmenschlich.
Er sagt, er muss weiter, noch dünner werden. Ich kann die Aushöhlungen an seinen Armen erkennen, Knochen, die normalerweise von Fleisch bedeckt wären.
Aber ich kann ihn verstehen. Seine Schreie sind noch zu leise, als dass seine Umwelt oder er selbst die Botschaft erkennen würde. Er nimmt sie noch nicht ernst.
Fängt noch nicht an zu kämpfen.
«Drei Dinge sind für mich lebenswichtig: meine Waage, mein Tagebuch und mein Taschenrechner.
Wenn ich morgens aufwache, führt mich mein erster Gang ganz

automatisch in Richtung Waage. Die Zahl, die sie anzeigt, entscheidet über meinen Wert, über Erfolg oder Versagen.

Ich verspüre ein Gefühl der Freude, der Zufriedenheit und Genugtuung, wenn sie weniger anzeigt als am Tag zuvor. Wenn es mehr ist, obwohl ich kaum etwas gegessen habe, dann ist das ein unerträgliches Gefühl für mich.

Panik. Verzweiflung.

Warum wiege ich 250 Gramm mehr? Wie kann das sein?

Mein Kopf rauscht, ich zermartere mir das Gehirn. Warum, warum, warum?

Ich versuche mir ganz genau ins Gedächtnis zu rufen, was ich am Tag zuvor gegessen und getrunken habe. An irgendeiner Stelle muss ich die Kontrolle verloren haben, irgendwo muss es ein Schluck, ein Bissen zu viel gewesen sein.

Das darf mir nicht noch einmal passieren. Morgen muss die Waage ein anderes, niedrigeres Ergebnis zeigen, erst dann ist alles wieder gut.

Ich muss mich wiegen, ich kann nicht anders. Nichts und niemand könnte mich daran hindern.

Ich trage mein Gewicht in ein Buch ein. Jeden Tag. Ich vergleiche, wie viel ich an anderen Tagen gewogen habe, und kann daran sehen, welche Fortschritte ich seit den vergangenen Monaten gemacht habe. Jedes Kilo weniger gibt mir ein erhebendes Gefühl. Eigentlich brauche ich das Buch nicht, denn ich weiß auch so genau, wie viel ich wann gewogen habe. Aber ich möchte es jederzeit nachschauen können.

> **Kontrolle steht über allem. Nichts ist so wichtig wie Selbstkontrolle, Selbstbeherrschung, Macht über meinen Körper zu haben.**

Kontrolle steht über allem. Nichts ist so wichtig wie Selbstkontrolle, Selbstbeherrschung, Macht über meinen Körper zu haben.

Den Taschenrechner brauche ich, um Kalorien und meinen Body-Mass-Index auszurechnen. Verändert sich mein Gewicht, muss ich auch mein neues ‹Maß› kennen. Auch das notiere ich und schaue dann in der Tabelle nach, wo ich mich damit befinde. Momentan liegt mein Index bei 17,1, das heißt: Untergewicht. Aber es ist noch nicht die untere Grenze. Ich schaue in den Spiegel und denke, es ist noch Platz, es ist noch nicht wirklich sichtbar, ich muss noch weiter. Die Tabelle bestätigt mir, dass es noch nicht ernst genug ist.

Nicht genug, um die Aufmerksamkeit anderer auf mich zu ziehen.

> Ich habe aufgehört, warme Mahlzeiten zu mir zu nehmen, nie fände etwas Gekochtes den Weg in meinen Mund.

In letzter Zeit frühstücke ich nicht mehr. Vor ein paar Monaten habe ich das noch getan. Früher aß ich ein Brötchen mit Käse oder so. Dann nur noch ein halbes mit Butter. Dann Toastbrot mit Käse, manchmal Toastbrot ohne alles.

Ich habe mich vorher hingesetzt und ausgerechnet, welches Toastbrot mehr Kalorien hat. Das weiße oder das mit Vollkorn? Ich esse jetzt das mit Vollkorn, es hat im Vergleich 20 Kalorien pro Scheibe weniger.

Die Mengen und die Kalorien verringern sich von Tag zu Tag. Ich habe aufgehört, warme Mahlzeiten zu mir zu nehmen, nie fände etwas Gekochtes den Weg in meinen Mund. Die Butter habe ich schon lange durch Halbfettmargarine ersetzt. Mittlerweile fällt meist jeglicher Belag weg. Man kann Toast auch ganz gut ohne alles essen.

Früher mochte ich cremigen Frischkäse sehr gern, Doppelrahmstufe. Er schmeckt mir heute nicht mehr. Ich habe ihn durch fettarmen Käse ersetzt. Wenn ich einkaufen gehe, gucke ich nicht nach der Sorte Käse, die ich kaufe. Sie spielt keine Rolle. Das Erste, was ich tue, ist, die Packung umzudrehen, um zu sehen, wie viel Kalorien in einer Scheibe stecken. Ich vergleiche die Angaben, und nur der Käse

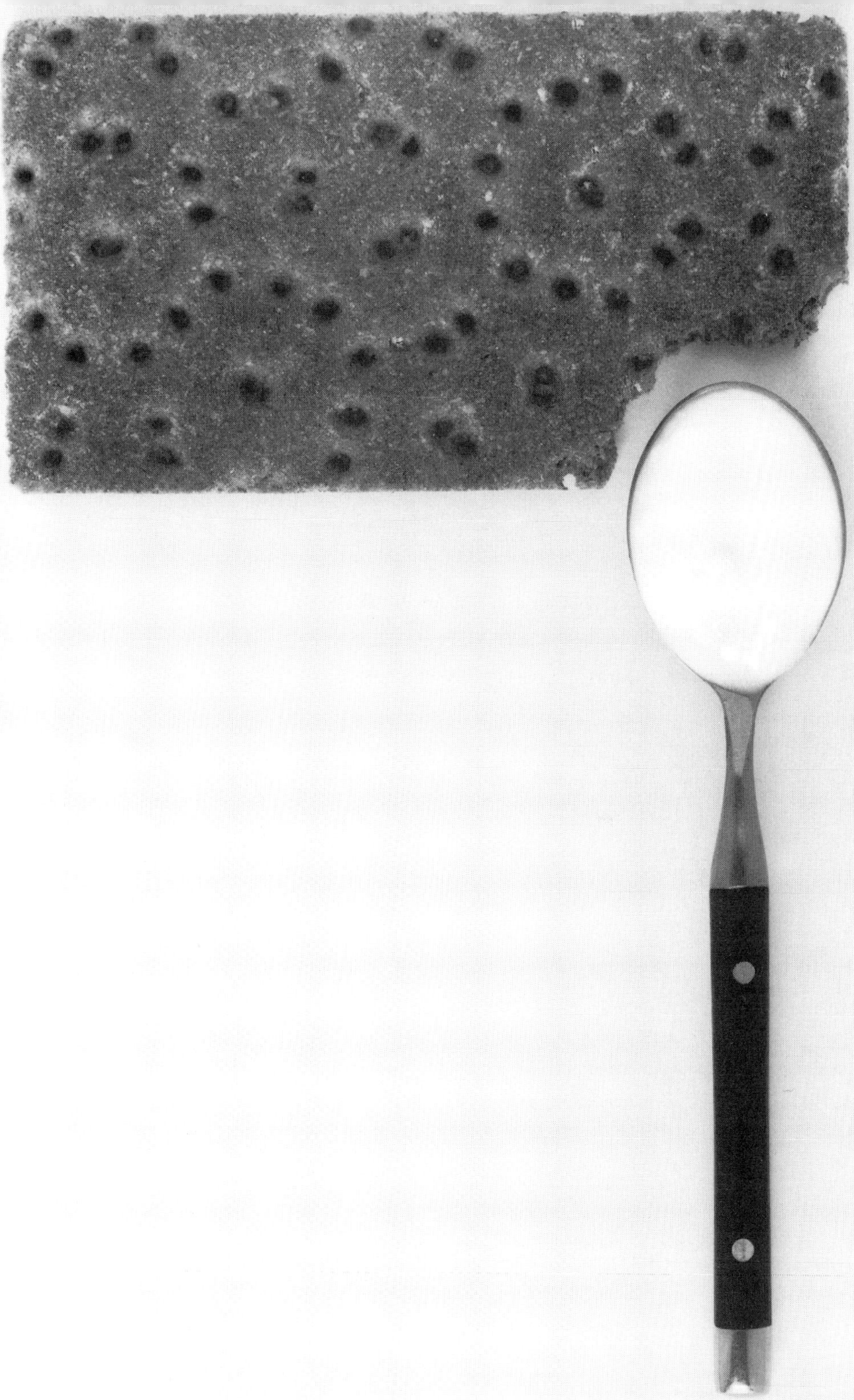

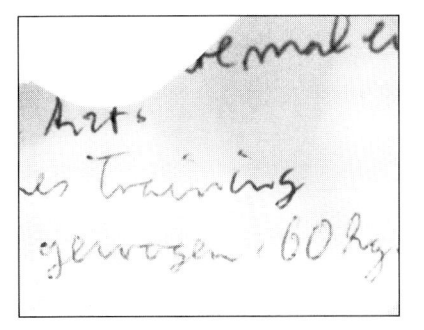

mit den wenigsten Kalorien darf in meinen Einkaufswagen. Lebensmittel, die keine Kalorienangaben haben, kommen für mich gar nicht mehr in Frage.

Ich ernähre mich momentan hauptsächlich von Salat und Toastbrot. Ich kann mich nicht erinnern, je zuvor Salat gegessen zu haben, ich glaube, ich mochte ihn früher nicht. Wenn ich ihm ein wenig Geschmack verleihen will, dann gebe ich manchmal etwas Salatsoße darüber. Aber auch diese kaufe ich strikt nach Brennwertkriterien, nicht nach denen des Geschmacks. Nie würde ich eine Soße kaufen, einfach nur weil sie lecker schmeckt. Sie muss kalorienarm sein, nichts anderes zählt. Ich bemühe mich, mit so wenig wie möglich auszukommen. Vielleicht ein kleiner Löffel Soße, um den Salat ein wenig zu benetzen.

Ab und zu greife ich auch zu Joghurt. Vor etwa 3 Monaten habe ich noch einen ganzen auf einmal gegessen, einen ganz normalen Joghurt, mit Früchten, 3,5 % Fettgehalt.

Das erscheint mir heute monströs viel. Unvorstellbar, einen ganzen Joghurt zu essen. Mir reichen ein, zwei Löffel. Diätjoghurt.

Ich enthalte mir Nahrung nicht bewusst vor und habe nicht das Gefühl, dass ich mir etwas versage oder etwas entbehre. Ich habe ja keinen Hunger oder Appetit. Ich will nicht essen. Ich brauche nicht zu essen.

Das schönste Gefühl ist es, wenn mein Magen Geräusche macht, knurrt, rebelliert. Das signalisiert mir, dass er leer ist. Manchmal bohrt es so sehr, dass es schon wehtut. Je mehr es bohrt, desto besser fühle ich mich.

Wird es irgendwann zu schlimm, dann trinke ich ein Glas Wasser, dann ist der Schmerz weg. Das geht ganz gut, ist also kein Problem, mit dem ich nicht fertig werden würde.

Wenn ich einkaufen gehe und vor mir an der Kasse ein Mann Pizzen, Würste und Süßigkeiten aufs Band stapelt, alles Sachen, die er wahrscheinlich lecker findet, dann fühle ich mich mit meinem Salat in der Hand neben ihm wachsen.
Ich werde innerlich groß, überlegen und denke: ‹Du arme Sau, musst so etwas essen. Du hast dich nicht unter Kontrolle, bist so abhängig von deinem Körper, deinen niederen Instinkten!›
Essen ist ein Zwang, dem ich mich nicht mehr unterwerfen will. Menschen, die essen, haben jegliche Kontrolle über sich verloren. Dicke Menschen, die sagen, sie fühlten sich wohl in ihrer Haut, kann ich nicht ernst nehmen, sie belügen sich selber.
Sie sind disziplinlos.
Diese Disziplin besitze ich. Ich könnte sie aufgeben, wenn ich wollte, könnte ganz normal essen, wenn ich wollte.
Aber ich brauche nicht zu essen, und das macht mich zu einem besseren Menschen.

Ab und zu stehe ich im Supermarkt vor dem Chipsregal und überlege: kaufen oder nicht? Mein Körper sagt: ‹Los, kauf es!› Mein Geist hält dagegen: ‹Nein, lass es stehen.›

> ICH BRAUCHE NICHT ZU ESSEN, UND DAS MACHT MICH ZU EINEM BESSEREN MENSCHEN.

Ich sinke nicht so tief wie der Mann an der Kasse, ich schaffe es, die Tüten an ihrem Platz zu lassen. Ich habe mich unter Kontrolle, kann mich beherrschen. Im Gegensatz zu ihm.
Das ist wichtig für mich, denn es gibt in mir nichts anderes. Es gab noch nie etwas, wodurch ich mich auszeichnete, keinen Bereich, in dem ich besonders gut, anderen überlegen oder zumindest gleichwertig war. Jetzt gibt es ihn.

Ich bin magersüchtig. Seit wann, kann ich nicht genau sagen. Wahrscheinlich hätte ich es schon im Alter von sechs Jahren werden können. Schon damals hatte ich Probleme zu essen, es zieht sich wie ein roter Faden durch mein Leben. Ein Faden, der manchmal deutlicher hervortritt, um dann wieder für einige Zeit zu verblassen. Es ist alles noch sehr diffus. Ich fange langsam an zu verstehen, worum es geht, gehe meine Kindheit noch einmal durch, um Ursachen zu finden. Aber ich kann mich an so vieles nicht erinnern. Ich habe es so lange unterdrückt, dass ich keinen Zugang zu mir selbst habe. Bei allem, was ich heute tue oder sage, habe ich nicht das Gefühl, als spräche ich über mich oder als wäre ich es, der etwas tut oder unterlässt. Ich lebe allein, isoliert mit einem Fremden in mir. Ich, wer immer das auch sein mag, bin unbeteiligt.

Als ich vier Jahre alt war, kam ich wegen eines Hüftschadens für ein Jahr ins Krankenhaus. Vielleicht wurde dadurch der Grundstein für das heutige Haus aus Schmerz, Angst, Verzweiflung und Einsamkeit gelegt.
Es gibt dieses Haus, das weiß ich, aber ich kann selten fühlen, dass ich es bin, der heute darin gefangen ist.

Ich durfte damals zwar ab und zu nach Hause, oder meine Eltern besuchten mich, aber eigentlich war ich allein. Ich glaube, ich muss mich abgeschoben gefühlt haben. Meine Eltern schickten mich weg, wollten mich nicht bei sich haben. Kindliche Gedanken, unsinnige Gefühle. Vielleicht. Aber ich war eben ein Kind und wusste es nicht besser. Und niemand setzte meinen Empfindungen, ein Kind zu sein, das stört und deshalb abgeschoben werden muss, etwas entgegen.
Ich bekam jeden Tag mein Tablett ans Bett gebracht und aß mein Krankenhausessen. Allein.

Die Schuljahre waren eine furchtbare Zeit für mich. Außer zwei Jungen, mit denen ich mich ganz gut verstand, hatte ich keine Freunde. Ich war eben niemand, mit dem man gern seine Zeit verbrachte. Denn ich musste eine Schiene am Bein tragen, jeder konnte sie sehen. An einer Seite hatte ich einen Absatz unter dem Schuh, sechs Zentimeter hoch. Ich sah anders aus als die anderen und war damit ein dankbares Opfer, Ziel für jede Art von Spott und Hänseleien. Krüppel, Behinderter, Klumpfuß. Die ständigen Angriffe meiner Mitschüler verletzten und verunsicherten mich. Ich stieß auf Ablehnung, egal wo ich auftauchte. Trotz allem versuchte ich immer wieder, Kontakt zu anderen zu bekommen. Wenn zum Beispiel jemand Neues in die Klasse kam, wollte ich einer der Ersten sein, die auf ihn zugingen, vielleicht hatte ich ja doch eine Chance, einen richtigen Freund zu gewinnen?

Manchmal waren meine Bemühungen für einige Zeit sogar von Erfolg gekrönt, doch sobald derjenige merkte, welchen Status ich im Klassenverband hatte, ließ er mich links liegen.

> **Die Schuljahre waren eine furchtbare Zeit für mich. Außer zwei Jungen, mit denen ich mich ganz gut verstand, hatte ich keine Freunde.**

Ich hatte niemanden, dem ich meine Seele hätte ausschütten können, niemanden, der mich unterstützte, mir Mut oder Kraft gab. Oder mich einfach in den Arm nahm und mir glaubhaft vermittelte, mich spüren ließ, dass auch ein Mensch, der äußerlich nicht perfekt ist, ein wertvoller Mensch ist.

Anfangs erzählte ich meinen Eltern, wenn ich aus der Schule kam, was die anderen über mich gesagt hatten. Sie erwiderten, ich solle mich nicht mit solchen Leuten abgeben, einfach nicht hinhören. Mehr sagten sie nicht.

Vielleicht hätte ich mir gewünscht, einfach ein wenig Liebe und Wärme zu spüren. Aber so etwas gab es bei uns zu Hause nie. Für Gefühle ist kein Platz, zumindest zeigt man sie nicht. Ich sprach nie wieder mit meinen Eltern über mich und meine Erlebnisse. Ich hatte kein Vertrauen zu ihnen, es gab keinen Platz, an dem ich mich geborgen und aufgehoben fühlte. Keinen Platz, an dem ich Gefühle zeigen, äußern konnte. Und wahrscheinlich hätte ich auch gar nicht gewusst, wie, denn ich habe nie erfahren, nie gelernt, wie man das macht. Gefühle, Angst und Zweifel offen zeigen, um Hilfe bitten, das kenne ich nicht.

> Es gab keinen Platz, an dem ich mich geborgen und aufgehoben fühlte. Keinen Platz, an dem ich Gefühle zeigen, äussern konnte.

In meiner Familie gibt es keine Worte dafür, denn sie sind überflüssig. Gefühle sind überflüssig.

Doch ich hatte sie. Und manchmal müssen Gefühle raus, irgendwie, irgendwo, auf irgendeine Art. Wenn man keine Sprache hat, keine Worte, dann spricht der Körper. Durch essen, nicht essen, kotzen, Durchfall oder Magenschmerzen.

Ich hörte auf, auf Menschen zuzugehen, und verschloss mich. Die Angst, wieder enttäuscht, verspottet, ausgegrenzt oder fallen gelassen zu werden, war zu groß.

Wenn irgendwann, irgendjemand entgegen meiner Erfahrung doch etwas von mir wollen würde, dann würde er schon von selbst kommen, dachte ich. Aber selbst wenn das tatsächlich geschah, war es schon zu spät. Ich ließ niemanden mehr an mich heran und blockte alles ab.

Derjenige, der auf mich zukam, wollte sicher nur seinen Spaß haben, brauchte vielleicht jemanden, an dem er Frust auslassen konnte, den er ärgern und verletzen konnte. Es war ja nie anders gewesen. Ich hatte den Glauben, die Hoffnung, dass jemand etwas Positives an mir finden könnte, mir nichts Böses wollte, begraben.

Ich wollte nie wieder enttäuscht werden und die Kälte und Einsamkeit nicht mehr fühlen müssen.

Ich wurde hart wie ein Felsen und legte eine Eisenkette um mein Herz, damit niemand je wieder Schaden an dieser empfindlichen Stelle anrichten konnte.

Aber Wunden, die nicht versorgt, sondern sich selbst überlassen bleiben, verkrusten und hinterlassen hässliche Narben. Narben, die aufreißen, Narben, die immer wieder schmerzen.

> **ICH WURDE HART WIE EIN FELSEN UND LEGTE EINE EISENKETTE UM MEIN HERZ, DAMIT NIEMAND JE WIEDER SCHADEN AN DIESER EMPFINDLICHEN STELLE ANRICHTEN KONNTE.**

Ich musste während meiner Schulzeit eine Klasse wiederholen. Das war furchtbar für mich. Ich wurde aus einem Klassenverband gerissen, zu dem ich zwar nie gehört hatte, der mich nicht akzeptierte, wie ich war, dessen Gemeinheiten ich aber wenigstens schon kannte. Er hielt keine neuen Verletzungen mehr für mich bereit. Aber ich hatte Angst vor der neuen Klasse und vor fremden Menschen.

Ein Jahr lang übergab ich mich jeden Tag, bevor ich in die Schule musste. Meine Mutter sagte, das sei normal. Pubertätsbedingt. Und irgendwann ging es auch vorbei.

Aber dann kam eine Klassenfahrt: fünf Tage mit fremden Menschen auf engstem Raum. Fünf Tage mit Menschen, zu denen ich kein Vertrauen hatte, zu denen ich nicht gehören durfte. Es waren die ersten fünf Tage in meinem Leben, in denen ich nichts aß. Ich saß mit den anderen am Tisch, und mir schnürte es die Kehle zu. Während sie sich Kartoffeln und Schnitzel aufluden, blieb mein Teller leer.

Ein Lehrer, der das bemerkte, setzte mich an einen anderen Tisch, zu anderen Mitschülern, weil er annahm, die anderen wären so gierig, das ich nichts abbekam.

Aber so war es nicht. Ich konnte nicht essen. Die Angst saß mir wie ein Kloß im Hals, der mich nicht schlucken ließ. Der bloße Gedanke,

> **Der blosse Gedanke, in der Gegenwart dieser Menschen essen zu müssen, versetzte mich in Panik. Ich fühlte mich belauert.**

in der Gegenwart dieser Menschen essen zu müssen, versetzte mich in Panik. Ich fühlte mich belauert. Wenn ich äße, würden die anderen lachen. Sie würden beobachten, wie viel ich esse, wie ich die Gabel zum Mund führe, wie ich kaue und schlucke. Würden jede meiner Bewegungen verfolgen. Sie würden nur darauf warten, dass ich einen Fehler machte, über den sie sich lustig machen konnten. Davor hatte ich so große Angst. Ich saß regungslos und mit leerem Magen am Tisch.

Nach dieser Fahrt bat der Lehrer meine Mutter und mich zu einem Gespräch. Auf die Frage, wie sie sich erkläre, dass ihr Sohn fünf Tage ohne Nahrung verbracht hatte, hatte meine Mutter sofort eine Antwort parat: Mir schmeckten eben viele Dinge nicht, denn ich sei sehr wählerisch. Äße lieber nichts als Dinge, die nicht meinem Geschmack entsprächen. So sei das eben. Und ich nickte dazu, obwohl ich spürte, dass das nicht die Wahrheit war. Ich hatte zwar keine Worte, um es auszudrücken, aber ich wusste, es lag an den Menschen. Damals war ich dreizehn Jahre alt.

Mit siebzehn begann ich meinen Zivildienst in einem Altenheim. Es war das erste Mal in meinem Leben, dass ich auf so direkte Weise mit dem Tod und damit mit meiner eigenen Sterblichkeit konfrontiert wurde. Mir ging die tägliche Arbeit, der Umgang mit den alten, oft kranken, leidenden Menschen sehr nah. Meine Arbeitskollegen waren da härter im Nehmen, sie konnten nach Feierabend ihr Bier öffnen und die sterbenden Menschen hinter sich lassen. Mir gelang das nicht, zumal ich niemanden hatte, mit dem ich über das, was ich dort erlebte, reden konnte. Es überforderte mich, damit konfrontiert und allein zu sein. Ich kompensierte mit essen, ich fraß. Und nahm innerhalb eines einzigen Monats 15 Kilo zu.

Ich fühlte mich nicht mehr wohl in meinem Körper, fühlte mich fett mit meinen über neunzig Kilo. Aber ich war zu faul, zu undiszipliniert, um etwas dagegen zu tun.

Im letzten Jahr begann ich nach einer langen Zeit, die von Gelegenheitsjobs und Arbeitssuche bestimmt war, meine Umschulung. Diese neue Situation und die neuen Aufgaben waren der Auslöser für ein Problem, das mich daran hinderte, am Leben teilzunehmen, und später dazu führte, dass ich immer weniger aß. Ich bekam Durchfall. Es war so schlimm, dass ich es oft nicht wagte, das Haus zu verlassen. Wenn ich morgens aufstand und frühstückte, konnte ich sicher sein, es nicht weiter als bis um die nächste Ecke zu schaffen. Es war grausam, so abhängig von meinem Körper zu sein, so unterlegen, so versklavt.

Manchmal stand ich morgens um vier Uhr auf, damit mein Magen bis zum Vormittag, wenn ich das Haus verlassen musste, auch bestimmt leer war und ich meine Ruhe hatte.

Um wie jeder andere die Berufsschule besuchen zu können, ohne ständig nach der nächsten Toilette Ausschau halten oder mitten im Unterricht aufspringen zu müssen, aß ich immer weniger. Die Ärzte verordneten mir Medikamente, die ich elf Monate lang einnahm.

Die Dosen, die ich benötigte, um meinen Darm zum Verstummen zu bringen, erhöhten sich ständig. Anfangs reichte eine Tablette täglich, später erzielten nicht einmal mehr sechs die erwünschte Wirkung. Mein Arzt riet mir irgendwann, die Medikamente abzusetzen.

Damit war ich der Willkür meines Darms, der Willkür meines Körpers wieder völlig ausgeliefert.

Wenn Prüfungen anstanden oder ich in absehbarer Zeit einen wichtigen Termin hatte, aß ich zwei Tage vorher konsequent nichts. Allein der Gedanke, auf die Toilette zu müssen, in einer Situation, in der es peinlich und zudem unmöglich wäre, versetzte mich in Panik.

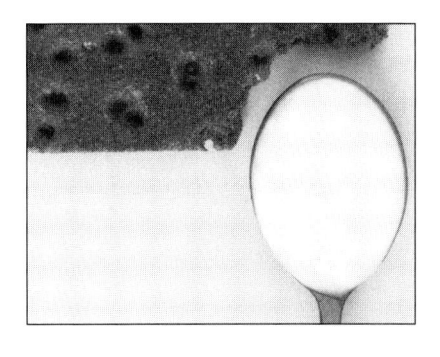

Es war mir bewusst, dass nicht essen keine gute, definitive Lösung des Problems war, aber das war mir egal. Ich lernte die positiven Auswirkungen eines leeren Magens schätzen. Diese Vorzüge standen für mich im Vordergrund, sie ermöglichten es mir, normal am Leben teilzunehmen, mich auf andere Dinge zu konzentrieren als auf meinen Körper. Es war eine aufgesetzte Normalität, weil das, was ich in Kauf nahm, um leben zu können, eben nicht natürlich war. Aber ich drängte es weg. Alles, was ich wollte, war einfach nur, dazugehören zu dürfen.

Den Hunger für eine gewisse Zeit auszuhalten war das kleinere Übel. Ich wollte nicht, dass mich mein Körper kontrollierte, mich nicht von ihm fesseln lassen. Ich wollte die Kontrolle wiedergewinnen und wenigstens ab und zu das Gefühl haben, dass ich bestimmen kann, was ich tue oder lasse.

Ich wollte normal leben. Aber ich hatte ja auch Hunger. Immer wenn ich ihm nachgab, bekam ich es umgehend heimgezahlt: Durchfall, Durchfall, Durchfall. Ich musste Termine absagen, konnte nicht mehr spontan sein.

Mein Körper ließ mir keine Chance, keine Möglichkeit, durch seine Reaktion zwang er mich, mich zwischen essen oder leben zu entscheiden.

Es ist unmöglich, solche körperlichen Probleme auf die Dauer geheim zu halten. Ich dachte, ich sei hart genug, dachte, Spott und geringschätzige Seitenblicke, Getuschel hinter der vorgehaltenen Hand könnten mir nichts mehr anhaben. Aber Pfeile wie diese,

Pfeile, die mit dem Gift der Verachtung, mit dem Gift des Hohns getränkt sind, verfehlen ihr Ziel nie. Sie drangen durch alles, selbst durch die Mauer um mein Herz, von der ich glaubte, sie wäre schon dick genug, dass sie mich schützen würde.
Aber sie tat es nicht.
Sie musste noch dicker werden.
Der Preis war hoch, aber mir blieb keine Wahl.
Noch mehr Einsamkeit, stille Verzweiflung mit einem lächelnden Gesicht. Mit jeder Kränkung, jedem Satz, der mich als Mensch herabwürdigte, wurde der schwarze, drückende Klumpen in meinem Magen größer. Ein Tumor der Angst und Unsicherheit, der Krebs des Alleinseins, des Rückzugs in mich selbst.
Er wurde immer, immer fester.
Ich wusste mir nicht mehr zu helfen und griff nach jedem Strohhalm, der die Möglichkeit des normalen Lebens versprach. Auf Anraten eines Bekannten machte ich eine zweiwöchige Fastenkur. Das war das erste Mal, dass ich für längere Zeit ganz bewusst nichts aß.
Die vorangegangenen kurzen Ausflüge in die Freiheit, die mir ein Leben ohne Nahrung ermöglichte, wurden mir so deutlich wie nie zuvor.
Ich könnte immer frei sein, jeden Tag. Wenn ich nur nicht aß.

> **MEIN MAGEN WAR LEER. DAS GEFÜHL, FREI ZU SEIN VON DEN REGELN, DIE MEIN KÖRPER MIR VORGAB, WAR SO UNGLAUBLICH SCHÖN.**

Mein Magen war leer, ich war erlöst von den Fesseln, mit denen die Toilette mich an sich gekettet hatte. Das Gefühl, frei zu sein, war so schön. Jetzt konnte ich bestimmen, wann und wohin ich ging, konnte spontan sein, ohne den Spott der anderen im Rücken.
Ich konnte durch die Stadt bummeln, solange ich wollte, konnte einfach ins Kino gehen, ich konnte endlich frei leben.
Diese zwei Wochen waren wie Balsam. Zwei Wochen voll Leben, ohne Lebensmittel. Damals war es noch Fasten, kein Hungern.

Ich begann wieder zu essen, in der Hoffnung, mein Darm hätte sich inzwischen erholt und ich könnte jetzt wie jeder andere Leben und Essen miteinander vereinbaren. Aber für mich schien das nicht zu gelten. Die Probleme fingen wieder an, noch stärker als zuvor.

Die Magersucht kam schleichend. Nachdem ich die Fastenkur beendet hatte, erreichte ich zunächst wieder mein Normalgewicht. Aber ich fühlte mich nicht wohl in meiner Haut, sondern viel zu dick. Ich wog damals bei einer Größe von 1,84 m 92 kg, das heißt, ich hatte einen kleinen Kugelbauch. Der störte mich. Ich strich ein paar Lebensmittel von meinem Speiseplan: Süßigkeiten, Chips und Schokolade blieben von nun an im Regal.

Da meine Darmprobleme immer noch nicht aufhörten, riet mir meine Therapeutin, für einige Zeit in eine Klinik zu gehen, um mich einer intensiven medizinischen und therapeutischen Behandlung zu unterziehen.

Dort kam ich zum ersten Mal mit essgestörten Menschen in Kontakt.
Aber ich war keiner von ihnen, ich hatte chronischen Durchfall, keine Essstörung.
In der Klinik entwickelte ich einen Bewegungsdrang, den ich vorher nicht gekannt hatte. Durch die Psychotherapie und das wenige Essen besserten sich meine Darmprobleme etwas, sodass ich mich imstande sah, ohne Angst das Haus zu verlassen. Ich verbrachte viel Zeit im Freien. Am Anfang ging ich täglich eine halbe Stunde spazieren, später marschierte ich mindestens vier Stunden im schnellen Schritt. Ich hatte das dringende Bedürfnis, Bewegung nachzuholen, die ich in dieser Form nicht kannte, weil der Durchfall mich bisher so oft

zur Starre, zum Verstecken, zum Verkriechen in den eigenen vier Wänden gezwungen hatte.

Durch die Therapie in der Klinik wurde ich langsam an meine Kindheit und die Erlebnisse, die mich prägten, herangeführt. Ziel war es, Ursachen für meinen chronischen Durchfall zu finden. An Tagen, an denen ich aufgefordert wurde, in frühere Zeiten zu tauchen, mich zu erinnern, in den schwarzen Kästen meiner Seele zu wühlen, war es mir unmöglich, später mit anderen zu essen. Tat ich es doch, wurde mir so übel, dass ich mich übergeben musste. Ich hatte vorher nie einen so deutlichen Zusammenhang zwischen Nahrungsaufnahme und meiner Kindheit gesehen. Aber es muss ihn geben, mein Körper spricht ja eine deutliche Sprache.
Ich nahm weiter ab.

> IMMER, WENN ICH ETWAS GEGESSEN HATTE, FÜHLTE ICH MICH, ALS BLIEBE DIE NAHRUNG IN MEINER SPEISERÖHRE STECKEN. ES WAR, ALS HÄTTE ICH EINEN FREMDKÖRPER IN MIR.

Immer, wenn ich etwas gegessen hatte, fühlte ich mich, als bliebe die Nahrung in meiner Speiseröhre stecken. Es war, als hätte ich einen Fremdkörper in mir.
Es war ein unerträgliches Gefühl. Wenn mein Körper nicht von selbst rebellierte, steckte ich mir nach jeder Mahlzeit den Finger in den Hals. Das Essen musste raus, erst dann fühlte ich mich gut. Wenn mein Magen dann wieder leer war, verspürte ich so etwas wie Hunger. Es fühlte sich gut an. Ich war wieder frei, rauszugehen in die Welt. Frei, meinen täglichen vierstündigen Marsch anzutreten, ohne Ausschau nach einer Toilette halten zu müssen, ohne dieses drückende Gefühl im Bauch, ohne den Fremdkörper in mir. Solange ich diesen Druck, den die Nahrung auf meinen Magen und meinen Bauch ausübte, nicht loswurde, war ich gefesselt. Er hinderte mich, irgendetwas anderes zu tun, und meine Gedanken kreisten nur darum, wie ich die Last loswerden konnte.

> DIE MAGERSUCHT GRIFF NACH MIR. GANZ LANGSAM. JEDEN TAG EIN STÜCKCHEN MEHR.

Ich sprach auch darüber mit meinen Therapeuten. Ihr Augenmerk richtete sich vor allem auf das Problem Durchfall. Das Erbrechen, die Unfähigkeit und die Angst zu essen stellten für sie eine weitere Symptomatik dar, die von denselben Ursachen herrührt. Sie hofften, wenn sie das eine Problem lösten, würde sich damit auch das andere erledigen.

Dem war leider nicht so.

Ich fühlte mich nicht wohl mit dem ewigen Erbrechen. Deshalb war die Konsequenz, die ich daraus zog, nahe liegend: Wenn doch Essen sowieso dazu führt, dass ich mich übergeben muss, wenn das, was ich hineintue, sowieso auf dem schnellstmöglichen Weg wieder nach draußen muss, dann kann ich auch ganz aufhören zu essen. Diese Entscheidung traf ich bewusst. Ich entschloss mich, so wenig wie möglich zu mir zu nehmen. Was diese Entscheidung allerdings bedeutete, auf welchen Weg ich mich damit begab, konnte ich nicht sehen. Den Durchfall endlich loszuwerden stand für mich im Vordergrund, alles andere passierte nebenbei, auf einer anderen Ebene. Die Magersucht griff nach mir. Ganz langsam. Jeden Tag ein Stückchen mehr. Sie hatte genug Zeit und Raum, sich auszubreiten. Denn weder ich noch andere erkannten, dass aus einem Symptom eine selbständige Macht wuchs. Die Magersucht wuchs unter dem Deckmantel ‹Nebenwirkungen›.

Ich sah das Nicht-Essen als eine Phase, als einen Umstand, den ich jederzeit wieder hätte beenden können. Ich glaubte fest, wenn ich nur erst wieder zu Hause wäre und meine Psyche ein wenig aufgeräumter, würde ich ganz selbstverständlich wieder normal essen.

Ich kam in die Klinik als Mann mit chronischem Durchfall und verließ sie mit dem ersten diffusen Wissen, dass ich dabei war, unbewusst einen neuen Kerker zu bauen, einen Kerker für meinen Körper. Er erschien mir als Weg in die Freiheit, als einzige Möglichkeit.

Ich verließ die Klinik im Juni mit einem Zettel in der Hand: ‹Genesen, arbeitstauglich.›

Also begab ich mich auf Jobsuche, die aber erfolglos blieb. Der Durchfall, der sich so weit gebessert hatte, dass ich einigermaßen am Leben teilnehmen konnte, wurde wieder schlimmer.

> ICH WOLLTE SCHNELLER SEIN, WOLLTE BEWEISEN, DASS ICH MEHR LEISTEN KANN ALS ANDERE. DAS GEFÜHL LIESS SICH STEIGERN.

Da ich keine Arbeit hatte, musste ich meine freie Zeit irgendwie füllen. Meistens stand ich morgens so gegen sieben auf, holte für meine Eltern Brötchen und zog mich dann in mein Zimmer zurück. Mittags, wenn mein Magen mit Sicherheit leer war und ich also nichts zu befürchten hatte, setzte ich mich aufs Fahrrad.

Anfangs fuhr ich nur eine halbe Stunde, doch das steigerte sich stetig, bis ich zum Schluss täglich vier Stunden fuhr. In dieser Zeit begann ich, stark auf meinen Körper zu achten. Ich spürte, dass sich Muskulatur bildete, wo sonst nur Fleisch, Knochen und Fett gewesen waren. Es war ein gutes Gefühl, diese Polster schmelzen zu sehen. Je genauer ich mich betrachtete, desto mehr Fett entdeckte ich. Das galt es, gegen Muskeln auszutauschen.

Ich fuhr immer schneller. Zum ersten Mal erlebte ich das erhebende, großartige Gefühl, jemand anderen zu überholen. Wenn ich einen anderen Radfahrer vor mir sah, trat ich doppelt so fest in die Pedale. Ich wollte schneller sein und damit beweisen, dass ich mehr leisten kann als andere. Das Gefühl ließ sich noch steigern. Wenn ich noch dazu sehr wenig gegessen hatte, dann war ich dem anderen noch überlegener. Ich musste nicht einmal Nahrung zu mir nehmen, um eine bessere Leistung zu erbringen als der Radfahrer, der nun schon viele Meter hinter mir fuhr.

Ich wog mich immer, bevor ich losfuhr, und es war das Erste, was ich tat, wenn ich wieder zurückkam. Die Zeit dazwischen, die vier Stunden auf dem Fahrrad, verbrachte ich mit Spannung. Mit Spannung darauf, wie viel Kilo ich abgenommen haben würde.

Vor meinen Touren erlaubte ich es mir manchmal, noch etwas zu trinken oder einen Toast zu essen, denn ich wusste ja, das dieser eine Toast kalorisch in keinem Verhältnis zu einem Fahrradmarathon steht. Warum ich keinen Durchfall von diesem Toast bekam? Ich weiß es nicht, vielleicht, weil ich durch die Bewegung und die Anstrengung abgelenkt war.

Meistens aß ich aber nichts. Ich kann mich noch erinnern, dass ich einmal knapp fünf Stunden fuhr, ohne zu essen und zu trinken. Es war im Hochsommer, 30 Grad im Schatten. Ich habe wahnsinnig geschwitzt. Nach zwei Stunden hatte ich brennenden Durst, aber ich konnte ihn unterdrücken. Unter keinen Umständen wollte ich trinken. Denn jeder Tropfen, der an meinem Gesicht, an meinen Beinen herunterrann, war wie ein Stückchen Glück für mich, ein kleines Stückchen Selbstwert. Die unerschütterliche Gewissheit, dass die Waage bei meiner Rückkehr weniger anzeigen würde, versetzte mich in Hochstimmung. Ich war so erfüllt von Vorfreude und von Spannung.

Und sie ließ mich nicht im Stich: Ich hatte drei Kilo abgenommen. Irgendwann konnte ich dem Durst nicht länger standhalten und trank ein Glas Wasser. Danach spielte ich mit dem Gedanken, mich noch einmal aufs Fahrrad zu setzen, aber da siegte das letzte Stück Vernunft in mir. Mein Hintern war wund, nur noch rohes Fleisch. Ich fuhr erst am nächsten Tag wieder.

Heute kann ich nicht mehr Fahrrad fahren, obwohl ich es gern täte. Ich bekomme Blasen und Pickel, meine Haut ist in kürzester Zeit durchgescheuert. Ich hätte wohl die Kraft, mein übliches Radfahrmindestpensum von vier Stunden zurückzulegen, doch es ist das fehlende Sitzfleisch, das mich hindert.

> JEDE REAKTION IST BESSER ALS KEINE. ICH FÜHLE MICH ANERKANNT. DASS ES EINE KRANKE, FALSCHE FORM DER ANERKENNUNG IST, WEISS ICH.

Ich empfinde mich nicht als zu dünn, zumindest nicht tagsüber. Wenn ich abends im Bett und zu lange auf einer Seite liege, dann kommt manchmal für einen Moment das Gefühl, die Ahnung, ich sollte besser ein paar Kilo mehr wiegen. Mein Brustkorb drückt sich ein, die Rippen reiben an der Haut und hinterlassen Druckstellen. Deshalb muss ich meine Schlafposition regelmäßig ändern.

Ich merke, das ich im Zusammensein mit anderen, bewusst oder unbewusst, das Thema des Gesprächs früher oder später in Richtung Essen lenke. Es muss nur ein unbedeutender Satz fallen, ein Wortfetzen, der von anderen übergangen worden wäre. Ich greife ihn auf, verfolge ihn weiter, frage nach. Wie viel essen sie, was essen sie, wie viel wiegen sie? Ich erhoffe mir dadurch, eine Rückmeldung zu meiner eigenen Person zu bekommen. Wie sehen mich die anderen? Ich möchte, dass ihnen auffällt, dass ich abgenommen habe, denn das signalisiert mir, dass sie meine Disziplin als Leistung anerkennen.

Ich lechze nach Bewunderung, nach Aufmerksamkeit. Es tut mir gut, wenn jemand bemerkt, dass ich abgenommen habe, oder sagt, es stehe mir gut. Das bestärkt und bestätigt mich in dem Vorhaben, noch weiter abzunehmen. Auch erschrockene Reaktionen empfinde ich als positiv. Denn jede Reaktion ist besser als keine. Ich fühle mich anerkannt. Dass es eine kranke, falsche Form der Anerkennung ist, weiß ich. Manchmal.

Warum ich noch weiter abnehmen muss?

Vielleicht, weil das eigentliche Ziel noch nicht erreicht ist. Die Menschen, die mir vorher keine Beachtung schenkten, nehmen mich wahr. Sie sehen meine Veränderung, mein Äußeres.

Aber da stimmt irgendetwas nicht, irgendetwas fehlt.

Ich spüre ganz vage, dass mein Körper noch etwas anderes sagen will, als: ‹Lob mich, bewundere mich!›

Er möchte um Hilfe bitten. Vielleicht um Liebe.

Mein Hausarzt sagte neulich, ich solle aufpassen, dass ich nicht anorektisch werde. Ich hatte ihn aufgesucht, weil ich meine Blut- und Leberwerte untersuchen lassen wollte. Es stellte sich heraus, dass mein Körper gesund ist. Der Arzt sagte, ich müsse keine Angst haben, alles sei im grünen Bereich. Einerseits war ich natürlich froh: Wer möchte schon gern krank sein? Andererseits war ich aber auch enttäuscht, denn wäre wenigstens einer der Werte bedenklich gewesen, hätte ich immerhin legaler Hilfe bedurft. Ich hätte sie ganz selbstverständlich bekommen, ohne darum bitten zu müssen.

> ICH WILL PROVOZIEREN. ICH WILL EINE REAKTION IN IRGENDEINER FORM. ICH KANN NICHT ANDERS, DENN ICH SELBST BIN NICHT IN DER LAGE, AUF DIE ANDEREN ZUZUGEHEN.

Ich befinde mich in ambulanter Therapie, um meine Kindheit weiter aufzuarbeiten und die Ursache für meine Darmprobleme zu finden.

Essen ist kein Thema.

Mein Therapeut hat mich noch nie darauf angesprochen. Ich habe ein paar Mal versucht, das Gespräch darauf zu lenken. Aber er ist nicht darauf eingegangen, vielleicht weil er nicht weiß, was er dazu sagen soll. Und ich weiß auch gar nicht, wo und wie ich anfangen soll. Es ist alles so verschwommen. Mein Körper muss das aussprechen, wofür ich keine Worte finde.

Ich bin unglücklich, aber das hat nichts damit zu tun, dass ich nicht esse.

Zu Hause laufe ich oft mit freiem Oberkörper oder nur in Unterwäsche durch die Wohnung. Es passiert unbewusst, aber wenn ich weiß, dass meine Eltern in der Nähe sind, dann lasse ich das T-Shirt im Schrank.

Ich will provozieren. Ich will eine Reaktion in irgendeiner Form. Ich kann nicht anders, denn ich selbst bin nicht in der Lage, auf die anderen zuzugehen. Ich wäre so schwach, wenn ich um Hilfe bitten würde. Und ich will keine Schwäche zeigen müssen, keine Hilfe brauchen müssen. Ich würde mich so klein und schlecht fühlen, wenn ich es täte. Wie ein Hausierer, der an fremde Türen klopft, um die Leute zu belästigen. Außerdem: Mir kann niemand helfen. Das, was in den Augen der anderen die einzige Lösung wäre, bedroht mich: Essen.

> ICH KANN MIR NICHT EINGESTEHEN, DASS DER WEG, AUF DEM ICH MICH BEFINDE, IN EINE SACKGASSE MÜNDET. EIN EINGESTÄNDNIS WÜRDE SCHWÄCHE BEDEUTEN.

Jedes Kilo, das ich abnehme, scheint mich dem allem zugrunde liegenden Wunsch näher zu bringen: dem Wunsch, wahrgenommen zu werden. Die schweren, kalten Ketten, die sich seit meiner Kindheit um meinen Bauch, das Zentrum des Gefühls, gelegt haben, sind so unerträglich fest geworden, dass ich keine Luft mehr bekomme. Ich sehne mich danach, mich von ihnen zu befreien, aber ich finde keine Worte. Ich kann nicht umkehren, ich sehe keinen Weg. Ich will nicht sterben. Aber ich will auch nicht essen. Wozu auch, ich lebe ja auch, ohne zu essen.

Ich kann mir nicht eingestehen, dass der Weg, auf dem ich mich befinde, in eine Sackgasse mündet. Es würde bedeuten, dass die einzige Quelle, aus der ich Kraft und Selbstwert schöpfen kann, sich als giftiger Brunnen herausstellt.

Diese Quelle darf nicht versiegen. Denn was bliebe, wenn ich sie verlieren würde?

Nichts. Ein langes, leeres, schwarzes Nichts.»

TANJA

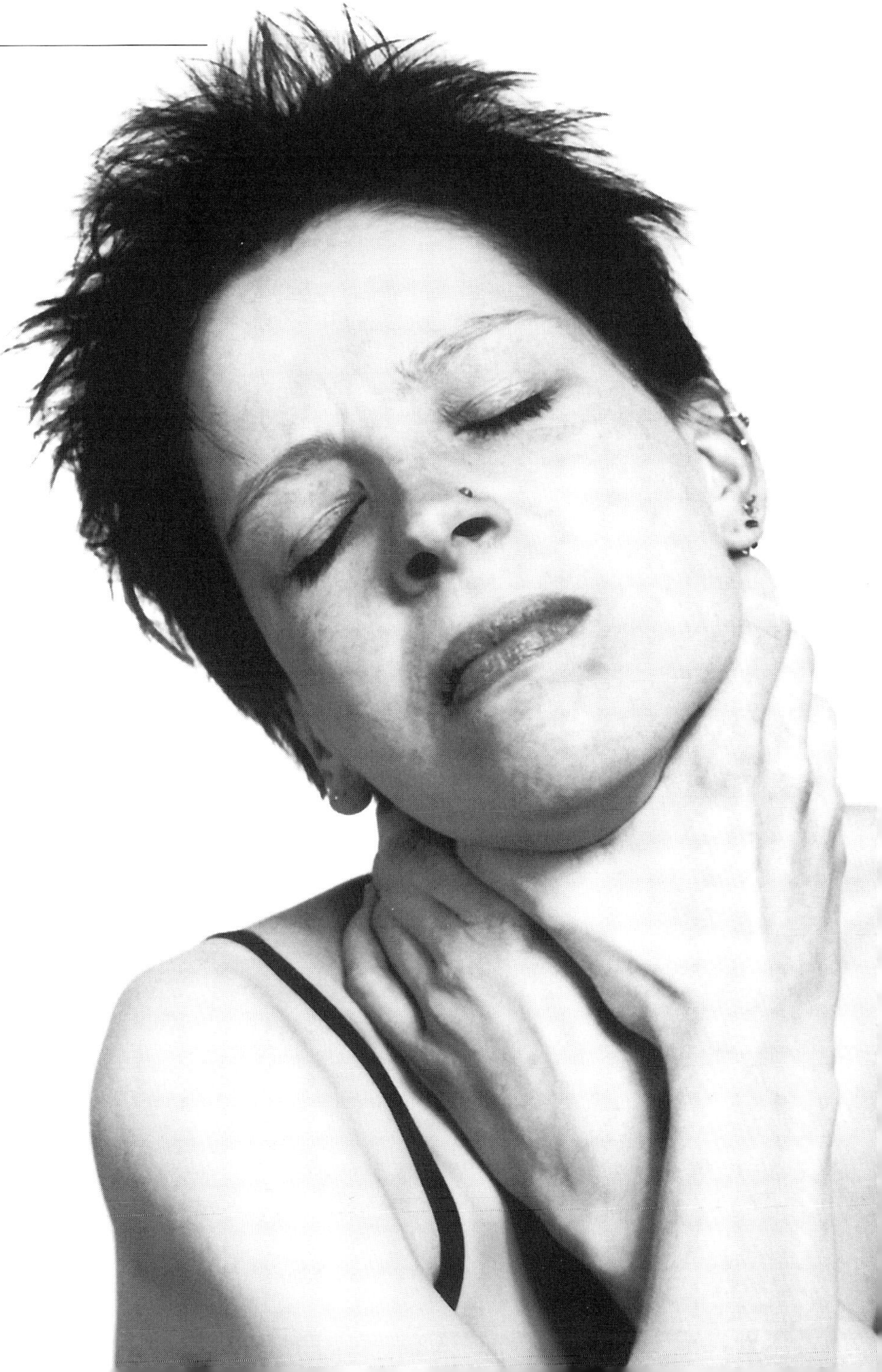

ICH WURDE

Ich wurde in ein Theaterstück hineingeboren. Titel: «Die heile Welt». Vater, Mutter, Kind. Alle glücklich, satt und sauber. Nur bemerkte anscheinend niemand außer mir, dass in diesem Stück nicht gesprochen wurde. Die Akteure spielten weder miteinander noch gegeneinander, sie spielten allein, jeder für sich, neben dem anderen her. Ich als neues Mitglied dieser Familie wurde versorgt, gewickelt, gefüttert, gewaschen, angezogen. Eine Beschäftigung mit mir, ein Interesse, das über die Erfüllung dieser elterlichen Pflichten hinausging, gab es nicht. Als ich älter wurde und diesen Grundbedürfnissen selbst nachkommen konnte, blieb nichts mehr übrig, wofür sich meine Eltern zuständig fühlten.

Es war niemand da, den ich fragen konnte, von dem ich lernen konnte, wie ich mich in diesem Theaterstück zurechtfinden sollte. Niemand nahm mich an die Hand, um mir diese Welt zu zeigen. Für meine Eltern stand ich als zusätzliches Requisit in der Kulisse. Damit war für sie der Beitrag, den ein Ehepaar zu leisten hatte, gewissenhaft erfüllt worden. Sie wandten sich ab, widmeten ihre Aufmerksamkeit wichtigeren Dingen. Jeder ging seiner Wege. Ich war allein und wusste nicht, wohin ich gehen sollte. Orientierungslos, hilflos, ausgesetzt.

Einmal von meiner Mutter in den Arm genommen werden, einmal von meinem Vater gelobt werden, das hatte ich mir so gewünscht! Ein Wunsch, der mir nicht zustand, ein Wunsch, der anmaßend erschien. Meine Eltern beachteten mich nicht, blickten durch mich hindurch, als sei ich Luft. Alle meine Versuche, Kontakt zu ihnen zu finden, Zeit mit ihnen zu verbringen, stießen auf Ablehnung. Ich versuchte oft, einen Rahmen zu schaffen, in dem wir uns hätten begegnen können. Schlug ich vor, ein Sonntagsfrühstück für die Familie zu zaubern, hieß es, das mache zu viel Dreck und der Abwasch zu viel

> **FÜR MEINE ELTERN STAND ICH ALS ZUSÄTZLCHES REQUISIT IN DER KULISSE. JEDER GING SEINER WEGE.**

unnötige Arbeit. Regte ich einen gemeinsamen Spieleabend an, hatte das Fernsehprogramm etwas Besseres zu bieten. Es fand nie ein Gespräch zwischen uns statt, das über das Wetter oder Smalltalk hinausging. Es wurde viel über andere geredet, über uns nie. Für meine Bedürfnisse, meine Sehnsucht nach Liebe und Zuneigung war kein Platz. Was war bloß an mir verkehrt, was hatte ich getan, was unterlassen, dass ich ihrer Liebe nicht würdig war? Nichts, was ich unternahm, war genug, etwas anderes war immer besser und hatte immer Priorität. Warum?

> WAS WAR BLOSS AN MIR VERKEHRT, WAS HATTE ICH GETAN, WAS UNTERLASSEN, DASS ICH IHRER LIEBE NICHT WÜRDIG WAR?

Diese Frage trage ich seit langem in mir, erst als diffuses Gefühl, das ich nicht benennen konnte, dann als unerbittlichen Schmerz, den ich durch Essen, Hungern, Kratzen, Schlagen, Laufen zu unterdrücken versuchte. Heute, mit 24 Jahren, kann ich sie aussprechen, weil ich heute meine eigene Sprache gefunden habe. Bis dahin war es ein langer Weg.

Wenn ich mit meinen Eltern sprach, schienen sie mich nicht zu verstehen, wir redeten aneinander vorbei. Oder waren sie taub? Wollten sie nicht hören, was ich sagte: dass ich mich nach ihrer Liebe sehnte? Hatten sie Besseres zu tun, als sich mit kindlichem Liebeshunger und naiven Fragen auseinander zu setzen?

Ich musste etwas tun, ich ertrug den hämmernden Schmerz nicht mehr. Da sie meine Worte nicht verstanden, vielleicht würden sie eine andere Sprache verstehen: die des Bildes? Sprechen durch meinen Körper?

Ich fing an zu essen. Essen spendete mir Trost, bereitete mir ein warmes, trügerisch angenehmes Gefühl im Bauch. Der Schmerz der Zurückweisung ließ sich mit vollem Magen besser ertragen. Doch das war nicht von Dauer, die Wirkung ließ nach. Die Schreie nach Liebe wurden immer lauter. Sie ließen sich in mir nicht ersticken.

SANDRA VORWORT GESA RITA FRANK **TANJA** SANDRA VORWOR

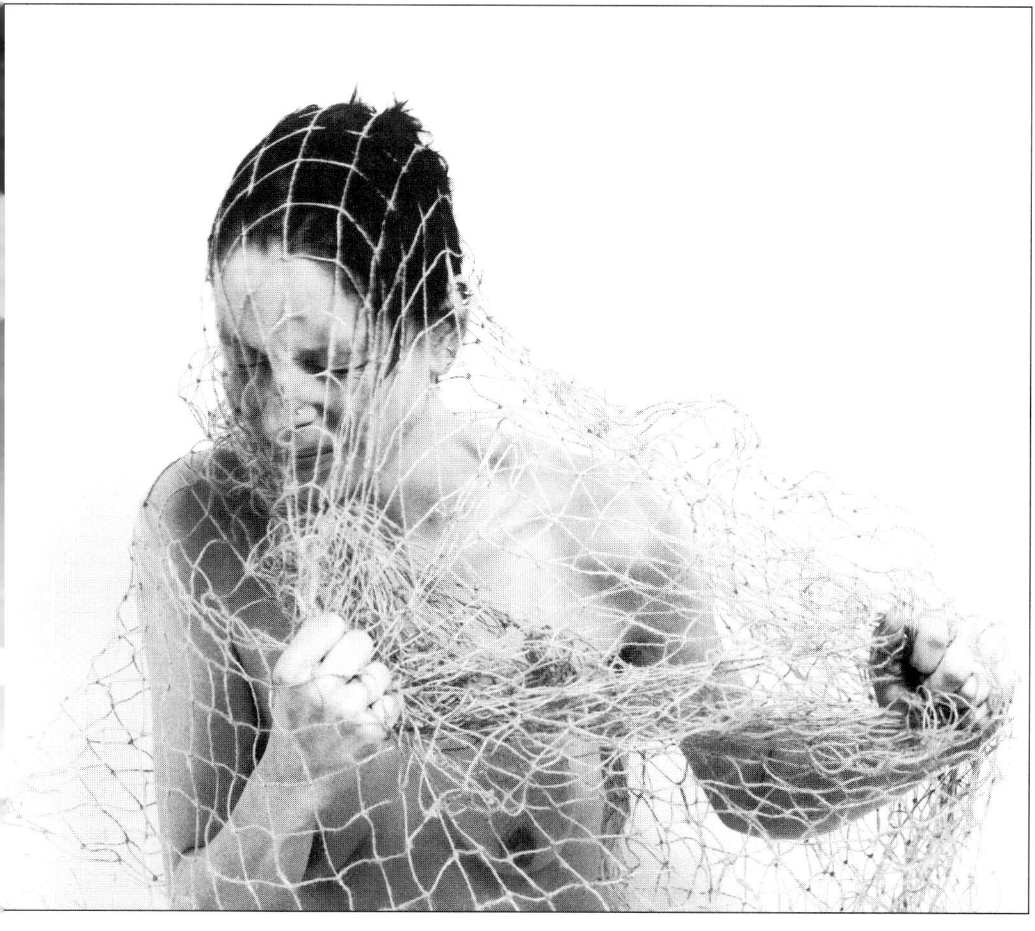

Aber meine Eltern schienen nicht nur nicht hören zu wollen, sie wollten auch nicht sehen. Essen war also auch nicht das richtige Mittel, um sie auf mich aufmerksam zu machen, und es war ein zu schwaches «Medikament», um meinen Schmerz zu lindern. Zuerst erhöhte ich die Dosis und aß immer mehr. Irgendwann musste ich ein zweites Mittel hinzunehmen, um meine Gefühle wegdrücken zu können. Ich rannte mit dem Kopf gegen Wände, zerkratzte meine Arme bis aufs Blut, zerquetschte meine Haut mit den Fingern, bis ich blaue Flecken hatte. Jeder körperliche Schmerz, den ich mir zufügte, war leichter zu ertragen, als das fühlen zu müssen, was in meinem Inneren tobte. Es half nicht. Hungern war die letzte Möglichkeit, um mich gefühllos zu machen, immun gegen mich selbst. Wenn ich mich nicht mehr fühlen musste, konnte ich besser leben. Dann brauchte ich die Liebe und Anerkennung, die ich sowieso nicht verdiente, nicht mehr so dringend, denn ich fühlte ihr Fehlen nicht mehr. Ich war tot, obwohl mein Herz schlug.

Hungern betäubte die Einsamkeit und die Angst. Es ließ die Qual des Nicht-geliebt-Werdens, des Eigentlich-nicht-leben-Dürfens erträglicher erscheinen. Und es passte zu mir: Wer eigentlich nicht leben darf, darf auch nichts tun, was sein Leben fördert, geschweige denn versüßt.

«Hey, du fette Kuh!», «Deutsche Panzer rollen wieder!», «Beweg dich nicht, sonst wackeln die Böden!» Solche Sprüche begleiteten mich meine ganze Schulzeit hindurch. Ich nahm das auf die leichte Schulter, lachte über die Witze, die über mich gerissen wurden, und setzte manchmal noch einen drauf. Ich fühlte mich ja wohl mit meinem Körper, denn ich war dick und stark. Dick und lustig. Dick und erhaben über alles und jeden. An mir prallte alles ab, ich stand wie ein Fels in der Brandung, den nichts erschüttert.

Ich beherrschte die Kunst der Verstellung perfekt. Mein Leben war ein anstrengendes Schauspiel: für die anderen eine Komödie, für mich eine Tragödie, der ich oft am liebsten ein vorzeitiges Ende gesetzt hätte.

Wenn ich aus der Schule heimkehrte, stopfte ich zwei Teller Mittagessen in mich hinein, ging auf mein Zimmer, legte mich in mein Bett und weinte. Endlos. Ich fühlte mich so unglaublich hässlich, widerlich, fett und wertlos. Ich hatte keine Freunde, mit denen ich mich hätte treffen können, und auch keine Hobbys. Nichts, womit ich meine Zeit ausfüllen konnte. Während andere am Samstagabend auf Partys gingen, saß ich bei meiner Oma im Wohnzimmer und guckte «Wetten, dass…?», und dann vergrub ich mich wieder in meinem Zimmer.

Ich hätte mich so gern jemandem anvertraut, dem ich hätte erzählen können, dass ich unter meiner Figur litt. Aber ich hatte zu große Angst. Ich wollte die Angriffsfläche, die ich ohnehin schon bot, nicht noch vergrößern. Ich wurde ja schon wegen meines Körpers ausgelacht, da wollte ich nicht auch noch als schwache, dumme Heulsuse dastehen.

Wenn meine Oma vom Einkaufen Schokolade mitbrachte, bekamen mein Bruder und ich meistens eine Tafel von ihr. Meine Mutter befahl mir dann, ich solle sie weglegen, oder sie nahm sie gleich selbst unter Verschluss. Schließlich war ich zu dick. Und sie hatte ja Recht, ich war ein 90 Kilo schwerer Brocken. Aber stand mir diese

MEINE MUTTER KÄMPFTE SELBST IMMER MIT IHRER FIGUR UND MACHTE STÄNDIG DIÄTEN, EINE NACH DER ANDEREN. IRGENDWANN ZWANG SIE MICH MITZUMACHEN.

Schokolade, dieses kleine Zeichen der Aufmerksamkeit nicht trotzdem zu? Meine Mutter sah das wohl nicht so. Ich hatte das Gefühl, es nicht wert zu sein, diese Schokolade zu bekommen. Ich verdiente es nicht, überhaupt noch etwas zu essen zu bekommen.

Meine Mutter kämpfte selbst immer mit ihrer Figur und machte ständig Diäten, eine nach der anderen. Irgendwann zwang sie mich mitzumachen. Also versuchten Mutter und Tochter gemeinsam, gegen ihren Körper anzugehen. Ich schaffte es nie. Ich hielt nie durch. Wenn mir meine Oma heimlich ein Stück Schokolade zuschob, konnte ich nicht widerstehen. Welches Kind freut sich nicht über eine Tafel Milka?

> DAS PROBLEM DER FETT-SCHICHTEN MUSSTE AUS DER WELT GESCHAFFT WERDEN. ICH WOLLTE GERN DÜNNER SEIN – ABER MEHR ALS ALLES ANDERE WOLLTE ICH GELIEBT WERDEN.

Ich hätte mir gewünscht, mit meiner Mutter darüber reden zu können, wie sehr ich unter meinen 90 Kilos litt, wie schwer es mir fiel, den «Fels in der Brandung» zu spielen. Sie wollte davon nichts hören und gab mir nie die Chance, so nah an sie heranzukommen, dass ich überhaupt den Versuch hätte machen können, mit ihr zu reden. In unserer Familie sprach man einfach nicht miteinander. Es gab keine Probleme, und wenn doch, dann mussten sie schnellstmöglich vom Tisch gefegt werden. Ich passte nicht in das Stück, das meine Eltern geschrieben hatten. Mit meinen Sätzen, mit meinem Aussehen passte ich weder zu dem Text noch in die Kostüme, die sie für meine Rolle im Stück von der heilen Welt und der glücklichen Familie vorgesehen hatten. Das Problem der Fettschichten musste aus der Welt geschafft werden. Und ich wollte das ja auch selber. Ich wollte gern dünner sein – aber mehr als alles andere wollte ich geliebt werden. Wäre ich in der Gewissheit aufgewachsen, ein liebenswürdiger Mensch zu sein, ein Mensch, der etwas wert ist, selbst wenn er es nie schaffen sollte, rank und schlank zu werden, wäre es sicher leichter gewesen, überhaupt abzunehmen. Paradox, auf den ersten Blick. Mein Existenzrecht schien von meiner Figur abzuhängen – unter diesem Druck war es unmöglich abzunehmen. Die Angst zu versagen, die Angst, die Diät wieder nicht

durchhalten zu können und von meiner Mutter dafür nur ein müdes Lächeln zu ernten, verhinderte ein Gelingen von vornherein. Als ich achtzehn Jahre alt war, fassten eine Bekannte und ich den Entschluss, uns in Zukunft vegetarisch zu ernähren. Dadurch nahm ich, wie zufällig, ab. Ich wunderte und freute mich. Der unverhoffte Erfolg spornte mich an: «So, Tanja, nun mach weiter, jetzt oder nie!»
Die Strecken, die ich von nun an joggte, wurden immer länger, die Portionen auf meinem Teller verringerten sich kontinuierlich. Die Waage zeigte immer weniger an, aber ich fühlte mich nicht wirklich schlanker. Die Haut, die vorher mit Fett unterfüttert war, hing nun schlaff und unansehnlich an mir herunter. In meinen Augen war es Fett, was da an Bauch, Busen und Beinen herunterhing. Das musste weg, und ich hungerte weiter. Und mir ging es gut dabei, jede Mahlzeit, die ich ausließ, bedeutete ein Erfolgserlebnis. Mit jedem Kilometer, den ich mehr lief, wuchs mein Wert. In meinem Kopf hatte nichts anderes mehr Platz. Ich dachte nur ans Essen und tat nichts anderes als Hungern und Laufen.

Ich war stolz auf mich, dass ich es endlich schaffte, mich unter Kontrolle zu haben. Was vorher immer missglückt war, was meine Mutter immer noch vergeblich versuchte – ich hatte es erreicht. Ich war schlank.

Ich hatte die ersten Schritte auf dem Weg in die Magersucht gemacht. Vielleicht hätte ich den Weg zurück gefunden, doch ein einziger Satz meiner Mutter verhinderte, dass ich stehen blieb und mich umsah. Er verhinderte, dass ich mir die Zeit nahm, mich selbst zu sehen und die Notbremse zu ziehen: Wir standen mit einer Nachbarin auf der Straße. Sie wandte sich an meine Mutter und sagte: «Gut sieht deine Tochter aus, sie hat ja ganz schön abgenommen!»

> **Wenn sie, meine eigene Mutter, mich immer noch nicht wahrnahm, dann war es noch nicht genug. Dann musste ich noch weiter.**

Doch meine Mutter drehte sich weg und sagte, es sei ihr gar nicht aufgefallen, dass ich dünner geworden sei. Dieser Satz hat sich bei mir eingebrannt. Von da an gab es kein Zurück.

Ich hatte damals bereits dreißig Kilo abgenommen. Es konnte nicht sein, es durfte nicht sein. Wenn sie, meine eigene Mutter, mich immer noch nicht wahrnahm, dann war es noch nicht genug. Dann musste ich noch weiter. Weiter, weiter, so lange, bis sie mich endlich einmal lobte, bis ich es wert war, von ihr in den Arm genommen zu werden.

Irgendwann sprach mich eine Arbeitskollegin an. Sie fragte, ob es nicht bald genug sei, ich sähe schon sehr abgemagert aus. Sie war die Erste, die zu mir über meine Veränderung sprach. Ich wollte nichts davon hören, denn ich konnte mir nicht vorstellen, dass sich jemand um mich sorgte. Sie waren alle einfach nur neidisch, dass ich es schaffte, zu hungern und meinen Körper zu formen. Ich ließ niemanden an mich heran und konnte mich nicht öffnen.

Meine Eltern blieben weiterhin stumm und offenbar auch blind. Sie wollten einfach nicht sehen, was mit ihrer Tochter passierte. Dünn sein war wohl nicht genug. Auch als schlanke Frau, die nach heiler Welt aussah, gelang es mir nicht, Aufmerksamkeit und ein bisschen Liebe von ihnen zu erhaschen. Vielleicht fehlte der berufliche Erfolg? Ich begann zu lernen, arbeitete wie ein Tier. Keine Pause zu machen, nicht durchzuatmen und keinen Moment der Ruhe zu haben schien gut zu sein. So musste ich meinen Hunger nicht fühlen. Ich wollte nicht spüren müssen, dass ich mehr litt als jemals zuvor, mich selbst zermalmte, mich aufrieb und zerstörte. Das Loch in meinem Herzen, das nie auch nur die geringste Füllung erfahren hatte, die klaffende Wunde in meiner Seele tat so weh. Ich wollte keine Zeit mehr haben, das spüren zu müssen. Außerdem musste ich jede noch so kleine

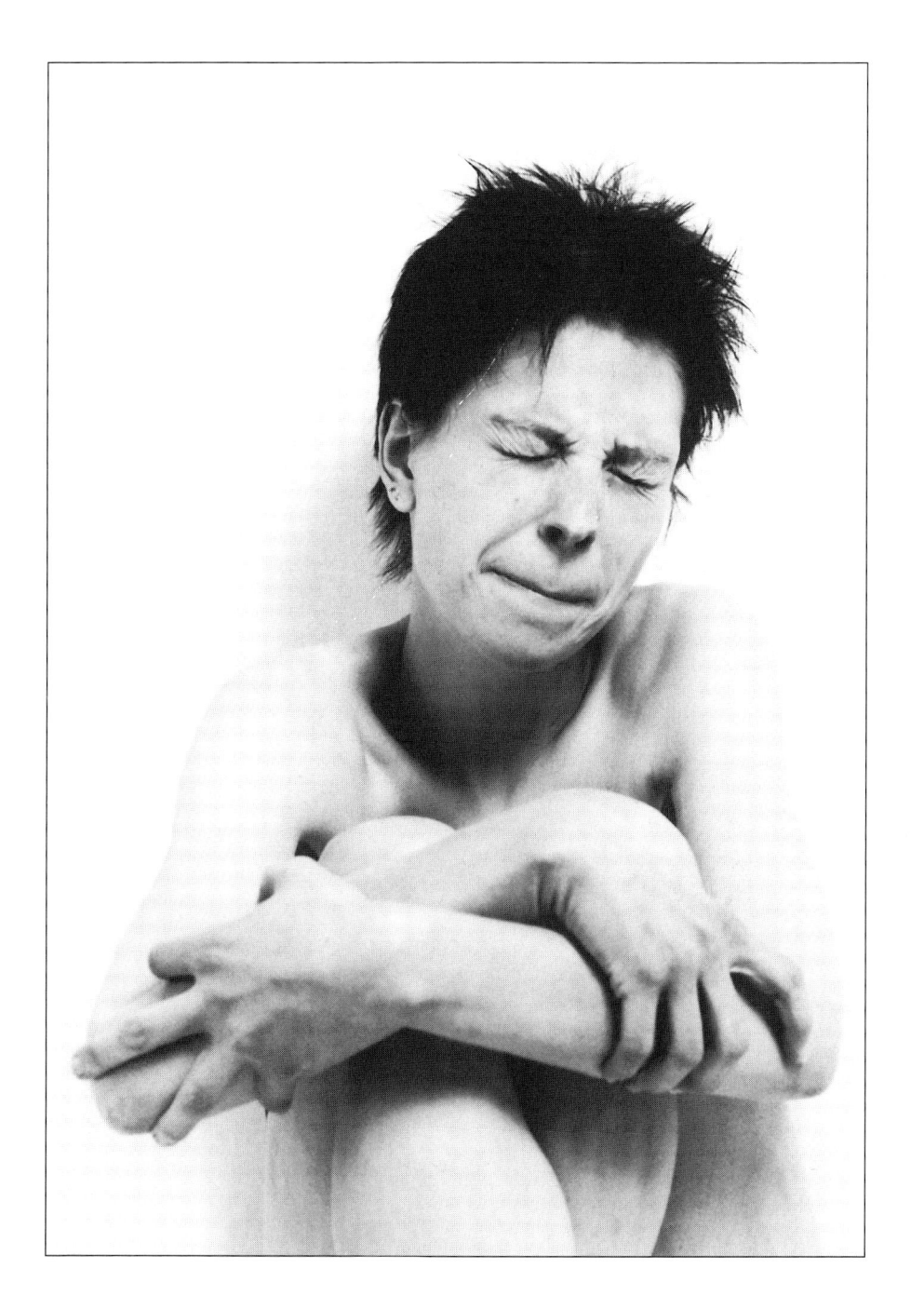

RITA FRANK **TANJA** SANDRA VORWORT GESA 91 RITA FRAN

Chance nutzen, um meinen Eltern beweisen zu können, dass ich ihrer Liebe doch würdig war. Es ist mir heute unerklärlich, wie ich es schaffte, meine Ausbildung zur Bürokauffrau, als beste Nordrhein-Westfalens, abzuschließen. Ich aß während der Prüfungszeit fast nichts. Das Einzige, was ich tat, war Hungern, Lernen, Laufen.

Meine Eltern ließen sich weder zu einer anerkennenden Geste noch zu einem Lob zu meiner bestandenen Prüfung hinreißen.

Nach meiner Ausbildung fiel ich zum ersten Mal in ein großes schwarzes Loch. Ich spürte die unglaubliche Leere. Ich sah zum ersten Mal, woraus mein Leben eigentlich bestand: aus nichts anderem als Hungern, Arbeiten und Laufen. Ich sah keinen Sinn, wusste nicht mehr, wozu ich überhaupt noch auf der Welt war. Sobald ich etwas gegessen hatte, brach alles um mich herum zusammen. Ich musste ja noch joggen gehen, arbeiten, dann wieder joggen und noch so lange leben, bis ich am nächsten Abend einen Apfel essen durfte. Wie sollte ich das überstehen und wozu? Ich selbst hatte nichts davon, meine Eltern würden kaum Notiz davon nehmen, einen Freund hatte ich nicht. Also wozu?

Irgendwann bin ich zusammengebrochen. Ich konnte die Last nicht mehr allein tragen. Wir saßen bei der Arbeit um den Frühstückstisch und feierten den Geburtstag eines Kollegen. Auf meinem Teller lag ein Brötchen. Es kam mir vor wie ein Monster. Ich wusste, das ich dieses Brötchen jetzt essen muss, ja, eigentlich essen will. Mein Magen schrie nach Nahrung, hatte er doch seit langem täglich nicht mehr als einen Apfel und ein paar Blätter Salat bekommen. Ich sah das Brötchen an und bekam Panik, ich hatte eine geradezu hysterische Angst vor dem, was passieren würde, wenn ich es äße. Ich dachte, ich würde unwahrscheinlich dick werden, mein Bauch würde aufgehen wie ein Hefekuchen. Ich sah meine ganze Hungerzeit, meine qualvolle Entsagung sich in nichts auflösen. Alles wäre umsonst gewesen.

Ich habe das Brötchen gegessen. Es war furchtbar. Nachdem ich den letzten Bissen hinuntergeschluckt hatte, rannte ich hinaus. Meine Kollegin lief hinter mir her. Plötzlich sprudelte alles, was sich so lange in mir aufgestaut hatte, aus mir heraus. Es tat so gut, zu sprechen, nicht mehr zu schauspielern, endlich wieder weinen zu können. Ich hatte riesige Angst, mir selbst etwas anzutun. Es war die Angst vor dieser Angst, ich könnte mir das Leben nehmen, die mich den Entschluss fassen ließ, die Initiative zu ergreifen und mir Hilfe zu holen. Ich suchte meinen Hausarzt auf, der mir einen Klinikaufenthalt empfahl. Ich stimmte einem viermonatigen Therapieprogramm zu. Als ich nach Hause kam, versuchte ich mit meinen Eltern zu sprechen. Ich brach in Tränen aus, sagte ihnen, ich sei magersüchtig, hätte Selbstmordgedanken. Ich erzählte ihnen von meinem Arztbesuch, von der Klinik, die ich als letzte Chance sah, mein Leben wieder in die Hand zu nehmen. Als ich bat und bettelte, nahm mich meine Mutter zum ersten Mal in den Arm, aber ich konnte spüren, dass sie es nicht tat, um mich zu trösten. Sie tat es widerwillig, aus Pflichtbewusstsein.

Heute kann ich erkennen, dass die Magersucht ein verzweifelter Kampf um das Recht auf Leben war, der mich paradoxerweise fast sterben ließ.

Der Klinikaufenthalt hat mir geholfen, hinter meine Fassade zu schauen. Zum ersten Mal wurde mir bewusst, dass meine Sucht nach Hungern nicht die Ursache meines Leidens war, sondern der Ausdruck für die verzweifelte Suche nach der Liebe und Anerkennung meiner Eltern. Was das Essen, die Magersucht an sich angeht, hat das Klinikprogramm dagegen auf

> **ICH SAH DAS BRÖTCHEN AN UND BEKAM PANIK, ICH HATTE EINE GERADEZU HYSTERISCHE ANGST VOR DEM, WAS PASSIEREN WÜRDE, WENN ICH ES ÄSSE.**

ganzer Linie versagt. Die 50 Kilo, die ich wiegen musste, um überhaupt in die Klinik aufgenommen zu werden, brachte ich ganz knapp auf die Waage. Wie wir aßen, was wir aßen, wurde nicht kontrolliert. Es gab immer ein Buffet, an dem sich jeder nach Belieben bedienen konnte. Das einzige Gebot war zuzunehmen. Es gab keine Vorgaben, wie viel es sein musste, aber was man einmal zugenommen hatte, durfte man beim nächsten Wiegen auf keinen Fall wieder verloren haben, sonst gab es eine gelbe Karte. Nach zwei gelben Karten folgt bekanntlich der Platzverweis. Ich hatte ungeheure Angst, vorzeitig ausscheiden zu müssen.

Es war ein merkwürdiges Gefühl, wieder essen zu dürfen. Ich hatte die ausdrückliche Erlaubnis zu essen. Das hatte ich lange nicht gekannt, denn ich selbst konnte mir diese Erlaubnis nicht geben, ich verdiente es ja nicht, Nahrung zu mir zu nehmen. Diese Last wurde für kurze Zeit von mir genommen. Doch ob verdient oder unverdient – diese Frage erhielt keinen Raum. Ich musste essen, um dabeibleiben zu dürfen.

Die ersten Tage fühlte ich mich wie im Land, in dem Milch und Honig fließen. Ein Paradies. Morgens durfte ich ein ganzes Brötchen essen, mit Belag. Mittags Salat mit Dressing und wenn ich wollte, sogar abends noch einmal einen ganzen Teller Nudeln. Ich war regelrecht euphorisch.

> **Ich hatte die ausdrückliche Erlaubnis zu essen. Das hatte ich lange nicht gekannt.**

Das hielt jedoch nicht lange an, denn ich war trotz allem in meinem Abnehmwahn gefangen und konnte das Essen nicht genießen. Ich hatte noch nicht gelernt, mir selbst die Erlaubnis zu geben. Ich aß, weil es meine Pflicht war, und fühlte mich sehr bald gefangen in der Maschinerie der Klinik.

Hinzu kam, dass es ungeheuer schwer ist, mit anderen Essgestörten gemeinsam zu essen. Beim Essen hört die Freundschaft auf, denn wir waren ja alle in denselben Mechanismen, die der Magersucht eigen sind, gefangen. Wie viel isst der andere im Vergleich zu mir? Was isst der andere? Ob das, was ich auf meinen Teller geladen habe, wohl mehr Kalorien hat? Na, dann lasse ich lieber die Hälfte zurückgehen. Zudem beherrschen mich meine alten Verhaltensweisen aus «dicken Zeiten». Wenn ich damals zum Beispiel mit anderen Eis essen ging, bestellte ich immer nur eine kleine Portion, obwohl ich lieber, wie alle anderen auch, einen großen Becher mit Sahne genommen hätte. Ich bemühte mich, nicht aufzufallen, denn ich vermutete, die anderen erwarteten, dass ich ganz besonders viel esse, und dachten: «Na, kein Wunder, dass die so fett ist, bei den Mengen, die sie verdrückt!» Diesen Gedanken ertrug ich nicht. Dafür entschädigte ich mich dann, wenn ich zu Hause war. Ich aß noch einmal das Doppelte von dem, was ich mir vorher versagt hatte, denn ich stand ja nicht mehr unter Beobachtung.

> **BEIM ESSEN HÖRT DIE FREUNDSCHAFT AUF, DENN WIR WAREN JA ALLE IN DENSELBEN MECHANISMEN, DIE DER MAGERSUCHT EIGEN SIND, GEFANGEN.**

So verhielt ich mich auch in der Klinik, und so begannen die Fressattacken. Wenn ich abends in meinem Bett lag und den Tag Revue passieren ließ, musste ich mir meistens eingestehen, dass ich sehr wenig gegessen hatte. Aus Angst, nicht die nötigen Pfunde auf die Waage bringen zu können, stopfte ich Chips, Schokolade und alles, was mir sonst in die Hände fiel, in mich hinein. Mir war danach meistens furchtbar schlecht. Wenn ich gekonnt hätte, hätte ich alles wieder erbrochen. Ich habe es oft versucht und mir den Finger und alles Mögliche andere in den Hals gesteckt, aber es funktionierte nicht.

Auf diese Weise war es unmöglich, einem normalen Essverhalten näher zu kommen. Einerseits hatte ich immer noch die Angst, zu dick zu werden, und aß deshalb den Tag über so wenig wie möglich. Andererseits kam am Abend das schlechte Gewissen, nicht folgsam gewesen zu sein, und die Furcht vor dem Verweis, auf den dann wieder die Fressattacken folgten.

Die Therapeuten sahen in den Fressanfällen kein Problem. Sie fanden, die Hauptsache sei, ich nähme zu.

Oft hatte ich den Eindruck, dass mich die Ärzte nicht ernst nahmen, so zum Beispiel, als ich eine Zeit lang schlimmen Durchfall hatte und mich ständig erbrechen musste. Ich litt starke Schmerzen und konnte sie mir nicht erklären. Die Ärzte unterstellten mir, ich würde simulieren, wie Magersüchtige das eben so tun. Sie hielten es für eine Ausrede, damit ich nicht zunehmen müsste. Ich wurde nicht untersucht und bekam keine Medikamente. Eines Nachts hielt ich die Bauchkrämpfe nicht mehr aus und wandte mich an die Nachtschwester. Auf ihre Initiative hin wurde ich untersucht und bekam schließlich schmerzlindernde Medikamente. Ich hatte ein Dickdarmentzündung.

> ICH BEGANN ZU MALEN UND ZU TÖPFERN. SO BEGANNEN MEINE HÄNDE, DIE SPRACHE WIEDERZUENTDECKEN.

Wirklich geholfen haben mir die verschiedenen Therapieprogramme. Ich begann zu malen und zu töpfern, versuchte, all das von mir in diese Werkstücke hineinzulegen, was sich in meinem Mund nicht zu Sätzen formen ließ. So begannen meine Hände, die Sprache wiederzuentdecken. Ganz langsam lernte ich, mir eine eigene Stimme zu geben und sie auch zu hören. Meine Probleme oder überhaupt Gefühle und Gedanken zu äußern fiel mir unglaublich schwer. Ich hatte ja mein Leben lang nicht über mich gesprochen.

Und ich lernte, mich selbst zu fühlen, mich selbst und meine Bedürfnisse wahrzunehmen. Das war eine große Hürde, denn ich wusste gar nicht, wer ich war oder was ich wollte. Ich vertraute mir selbst nicht, weil ich in meinem bisherigen Leben nie eine eigene Rolle gespielt hatte.

Ich bekam in der Therapie die Aufgabe, mir einmal täglich für eine halbe Stunde etwas Gutes zu tun, was nicht mit Essen in Verbindung stand. Mir fiel nichts ein. Es war grauenvoll, aber woher sollte ich wissen, was ich wollte? Alles, was ich bisher getan hatte, hatte ich doch nur mit Blick auf die anderen gemacht, um ihnen zu gefallen und um ihren Wünschen nachzukommen. Nach und nach stellte ich aber fest, dass es mir gut tut, eine halbe Stunde nur ruhig zu sein, nichts zu tun oder mich auf die Sonnenbank zu legen und die Wärme auf meiner Haut zu spüren. Ich spürte, dass ich gern lese. Lange Zeit hatte ich mir vorgemacht, mir mache es Spaß, jeden Abend wie ein gehetztes Kaninchen durch den Wald zu rennen oder zu hungern.

In der Körpertherapie-Gruppe wurde ich aufgefordert, meine eigenen Hände zu streicheln. Das war eine ganz neue, schöne Erfahrung: Sanft mit mir selbst umzugehen, das kannte ich nicht. Berührungen jeglicher Art kannte ich nicht.

> LANGE ZEIT HATTE ICH MIR VORGEMACHT, MIR MACHE ES SPASS, JEDEN ABEND WIE EIN GEHETZTES KANINCHEN DURCH DEN WALD ZU RENNEN ODER ZU HUNGERN.

Zum ersten Mal in meinem Leben fand ich Freunde, mit denen ich mich wohl fühlte und austauschen konnte. Die Erfahrung, nicht allein zu sein mit meinen Problemen, war die wichtigste und beste, die ich während dieser Zeit machte.

Ich habe erkannt, dass es in meinem Leben nicht darum gehen darf, meinen Eltern gefallen zu wollen. Ich musste zu der schmerzlichen Einsicht gelangen, dass mein Bemühen, von ihnen geliebt und anerkannt zu werden, umsonst sein wird, egal, wie sehr ich es auch versuche. Ich bin zwar ihre Tochter, letztlich aber allein wie jeder andere. Ich verließ die Klinik mit der neu gefundenen Erkenntnis, mein Leben selbst in die Hand nehmen zu müssen. Und ich fühlte mich stark und bereit dazu.

Meine Eltern holten mich ab. Wir hatten uns vier Monate lang nicht gesehen. «Hallo, Mama, ich habe sechs Kilo zugenommen. Das ist doch schon ganz gut oder?» Ganz gleichgültig war mir ihr Urteil immer noch nicht. «Du siehst immer noch so klapprig aus wie vor ein paar Monaten», antwortete sie kühl. Alles zerfiel, meine Mutter hatte mit einem Satz meinen neu gewonnenen Mut und meine

Nichts hätte mich nach einer solchen Fressattacke aus dem Haus locken können. Ich dachte, jeder sähe es mir an, dass ich gerade etwas Furchtbares getan hatte.

Hoffnung zertrümmert. Das schöne kleine Gefühl, stolz auf mich sein zu können, weil ich schon ein Stück der Arbeit geschafft hatte, war dahin. Es war nichts wert. Ich kehrte in ein Zuhause zurück, in dem ich nicht mehr sein wollte.

Die frühere Ignoranz meiner Eltern schlug nun in unerträgliche Kontrolle um. Aber immer noch interessierten sich meine Eltern nicht für das, was in mir vorging: keine Frage, wie es mir in der Klinik ergangen war, keine Frage, warum ich mich so lange kasteit hatte. Sie beobachteten nur, was ich aß. Nicht mehr und nicht weniger. Ich nahm die gewonnenen sechs Kilo ziemlich schnell wieder ab. Dreieinhalb Jahre lang hielt ich mich auf diesem niedrigen Gewicht. Das Thema Essen rückte in den Hintergrund. Ich spürte, dass ich da nicht weiterkam, dass sich erst etwas anderes entwickeln musste, damit ich wieder essen konnte. Ich konzentrierte mich auf die Ziele, die meine Lebensgestaltung betrafen. Ich zog von zu Hause aus, machte mein Abitur nach, traf meine erste große Liebe. Ich aß zwar, aber immer nur gerade so viel, dass ich mein Gewicht von 50 Kilo hielt.

Im Rückblick sehe ich diese Zeit positiv. Vielleicht verdrängte ich das Essproblem eine Weile. Vielleicht war es aber auch einfach so, dass es dafür noch keine Lösung gab. Für mich bedeutete es schon einen großen Fortschritt, nicht jede Sekunde ans Essen zu denken. Ich gestattete mir, die Kalorien aus meinem Kopf zu verbannen. Ab und zu überfielen mich die Fressattacken, die ich aus der Klinik «mitgenommen» hatte. Wenn ich mich dann im Spiegel betrachtete, hatte ich das Gefühl, unglaublich fett zu sein, fetter als je zuvor. Ich aß dann wieder länger kaum etwas und ging erst wieder vor die Tür, wenn ich meinen eigenen Anblick wieder ertragen konnte. Nichts hätte mich nach einer solchen Fressattacke aus dem Haus locken können. Ich dachte, jeder sähe es mir an, dass ich gerade etwas Furchtbares getan, quasi ein Verbrechen begangen hatte.

Ab und zu versuchte ich, meinem Freund seinen Wunsch zu erfüllen, mehr zu essen; ich wollte ihm zeigen, dass ich mir Mühe gab. Das schuf aber nur neue Probleme. Ich aß ja nicht, weil ich es wollte, sondern ich tat es – wie früher –, weil ich anderen gefallen wollte und weil ich Angst hatte, seine Liebe zu verlieren. Ich wurde ungerecht und gemein, weil ich ihn dafür verantwortlich machte, das ich seinen Wünschen folgte.

Ich selbst mochte noch nicht recht essen. Bevor ich nicht wusste, wie alles zusammenhängt, bevor ich keinen festen Boden unter den Füßen spürte, wollte ich nicht zunehmen. Ich brauchte die Zeit, um meine Rolle und meinen Platz im Leben zu finden. Es hat lange gedauert, bis ich den Wunsch in mir spürte zuzunehmen. Ich war lange stolz auf meinen dürren Körper. Manchmal gab es flüchtige Momente, in denen ich dachte, es sei an der Zeit zuzunehmen: immer dann, wenn ich jeden einzelnen Knochen spürte, weil der Stuhl, auf dem ich saß, so hart war, oder wenn ich schon nach einem kurzen Spaziergang völlig erschöpft war. Diese Wünsche hatten aber keine Zeit, zu wachsen und zu reifen, denn sie wurden durch wohltuende Bewunderung im Keim erstickt. Es ist absurd, aber ich wurde wirklich von vielen Frauen bewundert. Im Schwimmbad bekam ich oft zu hören: «So schlank möchte ich auch gerne mal sein!» Das bestätigte und motivierte mich. Dünn sein war also doch etwas Gutes und etwas, das sich lohnt aufrechtzuerhalten. Ich war also doch auf dem richtigen Weg. Die anderen, die mir sagten, ich sei zu dünn, waren nur neidisch. Die unerklärliche Angst, ich könnte meine neu gewonnenen Freundinnen und meinen Freund wieder verlieren, wenn ich dicker würde, ließ mich lange weiterhungern.

> **B**EVOR ICH KEINEN FESTEN BODEN UNTER DEN FÜSSEN SPÜRTE, WOLLTE ICH NICHT ZUNEHMEN.

Aber jetzt ist es langsam so weit, dass ich mich meinem Körper wieder zuwenden kann. Ich wachse von innen, deswegen will ich, dass jetzt auch mein Äußeres wächst. Wenn ich heute etwas esse, dann weiß ich, dass ich es nur für mich tue. Ich tue es nicht, weil meine Mutter oder mein Freund es will. Jetzt bin ich dran, zum ersten Mal in meinem Leben. Aber es ist immer noch schwer. Ich muss mir immer wieder von Neuem bewusst machen, dass mein Leben nicht von dem Verhalten meiner Eltern abhängt, sondern dass ich leben und essen darf, wie ich es für richtig halte. Und wenn meine Mutter gerade mal wieder eine Diät macht und sich mit einem Tee begnügt, darf ich dennoch einen Eisbecher essen.

> Heute kann ich mich selbst anerkennen und stolz auf mich sein. Ich schaffe es, mich selbst zu lieben.

Ich habe eine neue Fähigkeit erlangt: Ich kann mir selbst geben, was ich mir von meiner Mutter gewünscht, aber nie bekommen habe. Heute kann ich mich selbst anerkennen und stolz auf mich sein. Ich schaffe es, mich selbst zu lieben. Ich hoffe, mein ganz persönliches Idealgewicht finden und halten zu können, mit dem ich mich wohl fühle. Welches das sein wird und wann ich es erreicht haben werde, weiß ich nicht. Es liegt sicher weder bei 90 noch bei 46 Kilo und alles, was auf dem Weg dazwischen war, habe ich nicht wahrgenommen.

Ich spiele immer noch in demselben Theaterstück wie am Anfang. Der Unterschied ist, dass ich dazugelernt habe. Ich suche mir meine Rolle selbst und spreche meinen eigenen Text, ohne die Erlaubnis meiner Mutter einzuholen. Ich baue mir auf der großen Bühne selbständig meine eigene kleine Welt und suche mir Menschen, die dieses Stück mit mir gemeinsam spielen wollen.

TANJA, NACHWORT

Tanja und ich lernten uns im Sommer 2000 kennen. Bei unserem ersten Treffen saß mir eine sehr zerbrechliche, unsichere und ängstliche Frau gegenüber. Eine Frau, die den neuen Weg in ihr Leben sehr vorsichtig und zaghaft beschreitet. Wir trafen uns in der folgenden Zeit in regelmäßigen Abständen, und ich bemerkte, dass ihre Schritte immer fester und selbstsicherer wurden. Es waren viele Kleinigkeiten, an denen ihre Veränderung sichtbar wurde.
Ihre Stimme bekam einen festeren Klang, sie bewegte sich anders, offener. Ihr Blick wich dem meinen nicht mehr aus, in ihren Augen funkelten Freude und Lebenshunger. Sie begann sich auf ihrer eigenen Bühne zu bewegen, ihr eigenes Theaterstück zum Leben zu erwecken; das, was sie bei unserer ersten Begegnung als Wunsch, als Ziel vor ihrem inneren Auge sah, in die Tat umzusetzen.

Tanja kam im Januar diesen Jahres bei einem Verkehrsunfall ums Leben. Ich habe mich entschlossen, ihre Geschichte trotzdem zu veröffentlichen, denn ich weiß, dass ihr dieses Projekt sehr wichtig war. Was sie vor allem hoffte, war, andere Betroffene zu erreichen und ihnen Mut zu machen, ihnen zu zeigen, wie viel das Leben zu bieten hat, wenn man es wagt, seinen eigenen Instinkten und Gefühlen zu trauen, wie sehr es sich lohnt zu kämpfen. Immer wieder.

SANDRA

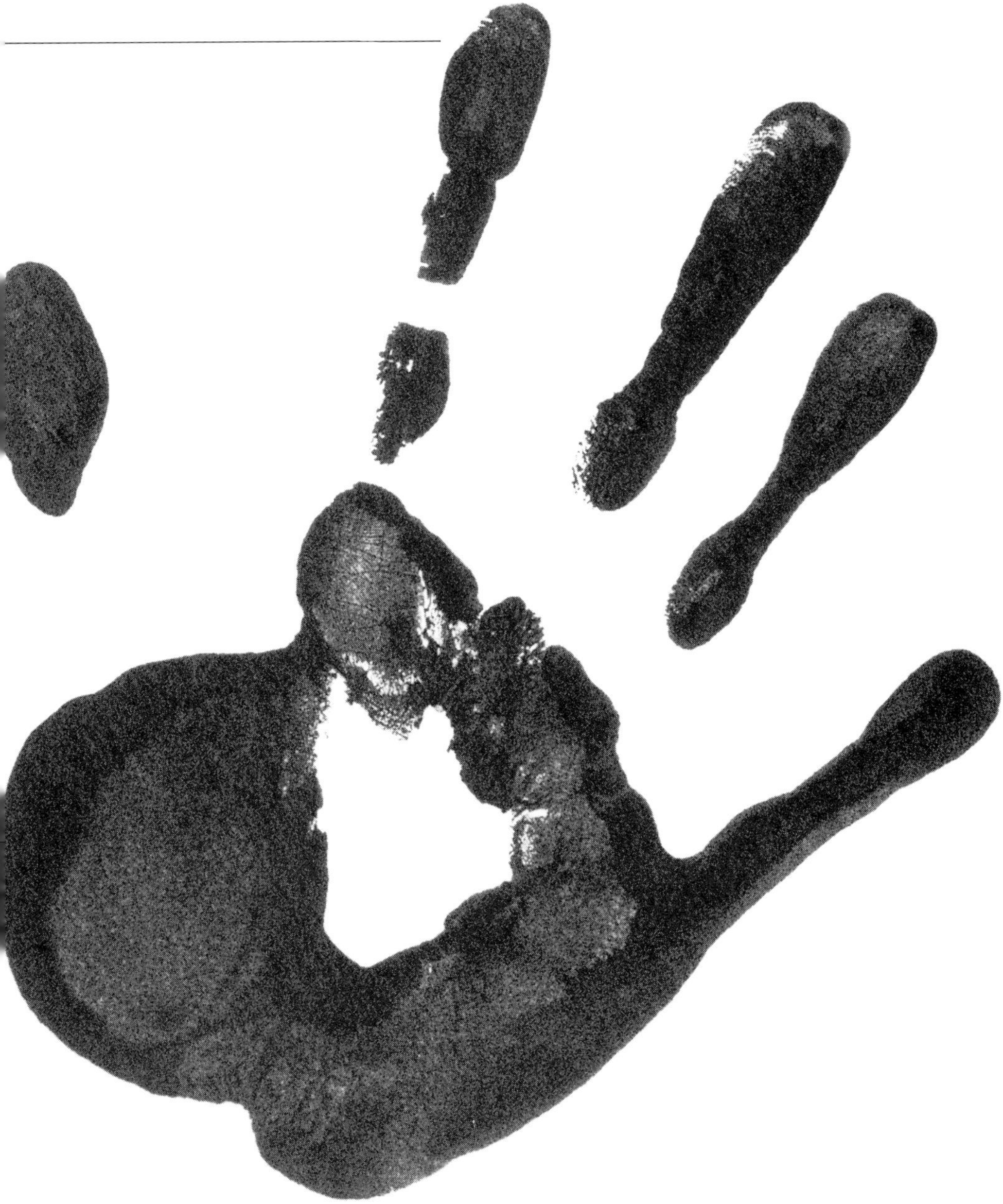

ICH BIN

Ich bin ein Unfall.

Unfälle geschehen manchmal, sie sind nicht geplant oder gewollt, aber wenn sie passieren, muss man mit ihnen leben. Menschen mögen keine Unfälle. Unfälle sind unnötig und überflüssig.

Als ich noch im Bauch meiner Mutter war, lebte mein Vater noch bei seiner ersten Familie. Meine Mutter ist Koreanerin. Für sie war es selbstverständlich, dass der Vater des Kindes an ihrer Seite sein musste, selbst wenn diese Beziehung völlig lieblos sein sollte.

Mein Vater entsprach diesem Wunsch und verließ seine Ehefrau. Ich wurde mit der Schuld geboren, meine Eltern zu einem gemeinsamen Leben gezwungen zu haben, einem Leben, das sie nie geführt hätten, wäre ich nicht dazwischengekommen.

Sie ließen mich von Anfang an spüren, dass ich nicht willkommen war. Sie hatten mich weder gewollt, noch hatten sie mich mit Freude erwartet. Ich kam auf diese Welt, ohne dass ein Platz für mich vorgesehen war.

Aber ich, dieser Unfall, war nun einmal passiert. Und meine Eltern schenkten mir nicht mehr Aufmerksamkeit als nötig. Ungewollt und weiblich: Damit war meine Rolle vorgegeben. Klein sollte ich sein, mich nicht wehren, Gehorsamkeit und Bescheidenheit an den Tag legen.

> **ICH WURDE MIT DER SCHULD GEBOREN, MEINE ELTERN ZU EINEM GEMEINSAMEN LEBEN GEZWUNGEN ZU HABEN.**

Ich lernte früh, dass es mir nicht zusteht, Ansprüche oder Forderungen an meine Eltern oder das Leben an sich zu stellen. Ich bin ein Mensch, der froh sein kann, dass er überhaupt geduldet wird, denn ein wirkliches Recht zu leben habe ich nicht. Das spürte ich immer, aber es war ein diffuses, nicht zu benennendes Gefühl. Es gab nie jemanden, der mir versicherte, dass jeder dasselbe Recht hat, auf dieser Welt zu sein. Auch ich.

Was tut man nun mit einem Menschen, der nicht willkommen ist, dessen bloße Existenz keinen Sinn ergibt, weil sie nicht gewollt ist?

Man gibt ihm Aufgaben, die für andere noch ein Quäntchen Sinn ergeben könnten, versucht ihn dabei aber so unsichtbar wie möglich zu machen.
Ich wurde das Aschenbrödel in der Familie.
Als ich sieben Jahre alt war, wurden die Prinzen geboren, meine Brüder. Es wurde von mir erwartet, dass ich mich zurücknahm, verständnisvoll und bescheiden war.
Mein Verhalten und mein ganzes Leben hatte ich dem meiner Brüder anzupassen. Ich durfte nicht fernsehen, denn die Kleinen könnten neidisch werden, ich musste leise sein, wenn sie schlafen sollten. Ich durfte mich nicht mit Freunden verabreden, sondern hatte nach der Schule nach Hause zu kommen, um zu lernen, meine Hausaufgaben zu machen und für die Familie zu bügeln und zu nähen.

Warum war ich es nicht wert, dieselben Dinge zu essen wie meine Brüder?

In dieser Zeit erfuhr ich zum ersten Mal, dass der Wert eines Menschen sich auch an den Dingen festmacht, die er essen darf. Nicht jeder hat automatisch das Recht auf gutes Essen.
Wenn meine Mutter zum Beispiel Weintrauben kaufte, nahm sie zwei verschiedene Sorten: einmal die kleinen, süßen, kernlosen. Die waren zwar teuer, schmeckten aber besser. Für die Prinzen gerade gut genug.
Für mich kaufte sie die großen Trauben mit Kernen. Sie sagte, ich sei schon erwachsen genug, um zu wissen, dass man auch billigere Sachen essen kann. Dass es nicht um Geschmack, sondern allein um die Vitamine gehe. Aschenbrödelkost.

Ich fühlte mich unfair behandelt und verstand das nicht. Warum war ich es nicht wert, dieselben Dinge zu essen wie meine Brüder? Das Gefühl, auf dieser Welt nicht erwünscht zu sein, erhielt immer mehr Nahrung – und es passte ja auch alles zusammen: Ein Mensch, der kein Recht hat zu leben, sollte sich mit dem Minimum zufrieden geben und nicht den anderen noch etwas wegessen.

Meine Mutter versteckte die Lebensmittel, die nicht für mich bestimmt waren, vor mir. So machte sie noch deutlicher, dass es Dinge gab, die mir einfach nicht zustanden. In mir wuchs ein Gefühl, das mich bis heute nicht ganz losgelassen hat: eine irrationale Angst zu verhungern.

Ein Magen, der nicht gefüllt wird, eine Seele, die keine Nahrung findet und schließlich verhungert.

Ich begann heimlich zu essen. Nicht viel, nur ab und zu eine Spalte von der für mich verbotenen Mandarine. Ich wollte nicht verhungern müssen und wünschte mir nichts mehr, als ebenfalls so wertvoll zu sein wie meine Brüder, gut genug, um von den Mandarinen essen zu dürfen und der Liebe meiner Eltern würdig zu sein.

In Kindertagen habe ich mich ganz normal ernährt. Ich aß das, was auf den Tisch kam, ob Reis und Gemüse oder Pfannkuchen, das war gleichgültig.

> **IN MIR WUCHS EIN GEFÜHL, DASS MICH BIS HEUTE NICHT GANZ LOSGELASSEN HAT: EINE IRRATIONALE ANGST ZU VERHUNGERN.**

Meine Mutter hat, so weit ich mich zurückerinnern kann, Essen schon immer thematisiert. Sie machte zwar keine gezielten Diäten, aber dieses Ich-darf-nicht-mehr, Ich-werde-zu-dick, diese Handbewegung, mit der sie ihren Bauch wegdrückte, das war immer irgendwo präsent. Als Kind machte ich mir keine Gedanken darüber, Kalorien, Fette, dick oder dünn – das war noch nicht wichtig für mich.

Trotzdem, das, was ich heute mit Frausein assoziiere, begann sich damals zu entwickeln: Dick sein, rund sein, einen kleinen Bauch haben – das ist meine Mutter, das ist eine Frau. Und wie ist diese Frau? Sie ist schwach, abhängig, leidend, vom Wohlwollen des Mannes abhängig, unterwürfig.

Das wollte ich nie sein, so wollte ich nie enden. Unter keinen Umständen wollte ich so werden wie meine Mutter. Der einzige Ausweg: für immer Mädchen bleiben. Mädchen sind dünn, frei, beweglich, dynamisch.

Eins kam zum anderen: Als ich in die Pubertät kam und eine Frau zu werden drohte, bekam ich zufällig ein Mittel an die Hand, mit dem sich das Frauwerden hinauszögern ließ.

Meine beste Freundin, die etwas mollig war, begann eine Diät zu machen. Da wurde mir zum ersten Mal bewusst, dass es

> ICH ASS MIT STÄBCHEN ODER MACHTE DAS ESSEN SEHR HEISS, DANN HATTE ICH SCHNELLER DAS GEFÜHL, ICH HÄTTE GENUG GEGESSEN, UND FÜHLTE MICH SCHNELLER SATT.

so etwas wie Kalorien überhaupt gibt und wie es sich auswirkt, wenn man sie reduziert. Ich erlebte, wie sie plötzlich abzuwägen, zu rechnen begann: einen Schokoriegel oder doch lieber nur einen Apfel? Wir verbrachten jede freie Minute miteinander, ich nahm das erste Mal die Waage in ihrem Badezimmer wahr: Sie wog sich mindestens dreimal am Tag. Ich weiß nicht, was sich in mir abspielte, aber von einem Tag auf den anderen machte ich mit. Ich hörte auf zu essen und hungerte. Ich nahm mir morgens einen Müsliriegel mit 98 Kalorien mit zur Schule und setzte zeitlich genau fest, in welcher Pause ich ihn essen würde. War er verzehrt, war mein Tagespensum bereits ausgeschöpft. Manchmal aß ich doch noch etwas zu Mittag. Ich entdeckte nach und nach vielfältige Tricks, wie ich diese Portionen, die ohnehin schon winzig waren, noch verringern konnte. Ich aß mit Stäbchen oder machte das Essen sehr heiß, dann hatte ich schneller das Gefühl, ich hätte genug gegessen, und fühlte mich schneller satt. Ich nahm ab.

Schlank und schön zu sein gehörte damals noch nicht zu meinen Zielen, ich wollte einfach wahrgenommen werden. Zum Teil war es

FRIEDEN IN MIR.

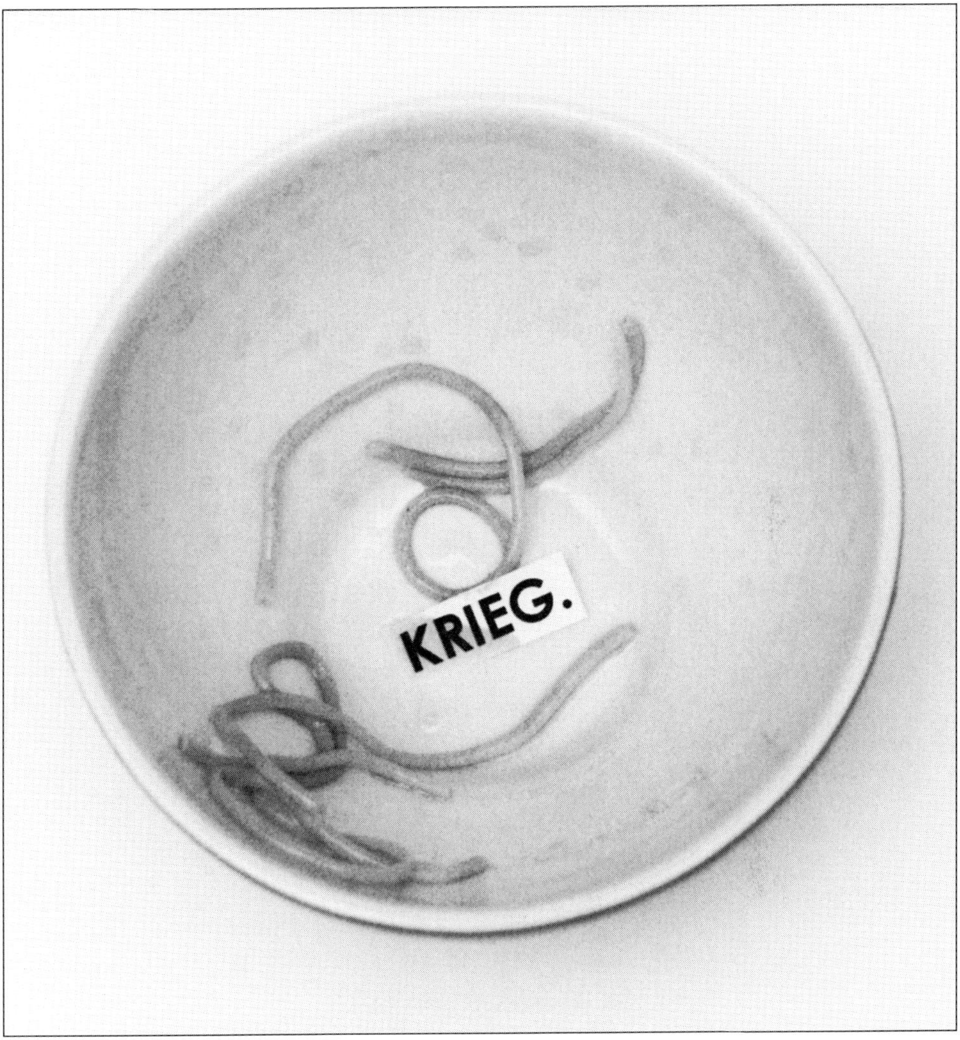
KRIEG.

auch damals schon eine erste Rebellion dagegen, eine Frau zu werden. Ich wünschte mir, dass meine Eltern durch die Gewichtsabnahme auf mich aufmerksam würden. Aber sie bemerkten gar nicht, dass ich immer dünner wurde.

Es war leicht, das Essen zu umgehen, ohne dass es jemandem auffiel, denn es gab selten gemeinsame Mahlzeiten. Wenn ich aus der Schule kam, stand zwar ein Teller auf dem Tisch, den ich mir warm machen sollte, aber ob die Frikadellen nun in meinem Magen oder im Mülleimer landeten, konnte niemand kontrollieren.

> **Abnehmen wurde zu meiner Aufgabe, hungern gab mir Halt.**

So wie ich mir früher heimlich Mandarinen genommen hatte, so verheimlichte ich jetzt meinen Verzicht. Wenn das Essen im Mülleimer landete, deckte ich es sorgfältig mit Zeitung ab. Fragte meine Mutter, ob ich gegessen hätte, nickte ich. Wenn wir gemeinsam aßen und ich nicht umhinkonnte, meinen Teller zu füllen, wickelte ich einen Teil des Essens heimlich auf meinem Schoß in Servietten ein, die ich später entsorgte. Auch das fiel nicht schwer, denn auf mich achtete ja ohnehin niemand.

Ich wollte gar nicht, dass sie mein gestörtes Essverhalten entdeckten, sondern ich wünschte mir, dass sie mich entdeckten. Mich als ihr Kind, mit meinem Bedürfnis nach Anerkennung, Aufmerksamkeit und Wärme. Aber auch dieser Wunsch stand mir nicht zu.

Abnehmen wurde zu meiner Aufgabe, hungern gab mir Halt.

Aus Zeitungsartikeln und Büchern bezog ich immer bessere Tipps, lernte, wie und wo ich noch Kalorien einsparen konnte. Während ich immer weniger wurde, wuchs mein Stolz mit jedem Kilo, das ich abnahm. Es war meine ganz persönliche Leistung. Eine Leistung, die ich allein vollbrachte, ohne dass meine Eltern sie von mir gefordert hätten. Das gab ihr einen besonderen Wert, und mir selbst ebenfalls. Je weiter die Knochen herausragten, desto sicherer fühlte ich mich. Ich konnte mich an ihnen festhalten und mich spüren.

Meine Eltern waren sehr streng. Ich bekam zwanzig Mark Taschengeld monatlich. Das reichte für einen schönen Abend im Kino, einmal im Monat, inklusive Bahnfahrkarte. Ich wäre gern häufiger ausgegangen, aber selbst wenn ich das Geld gehabt hätte, sie hätten mich nicht gelassen. Nach der Schule hatte ich nach Hause zu kommen, Hausarbeiten und Klavierstunden warteten auf mich. Außerdem schickte mich meine Mutter zum Ballett, wo ich mich bis zur Aufnahmeprüfung an der Staatsoper hochtanzte. Ich rang an zwei Fronten um Aufmerksamkeit und Anerkennung.
Aber es reichte immer noch nicht.
Weil ich so wenig aß, blieb meine Regel über acht Monate lang aus. Ich ging zum Arzt, der mich ins Krankenhaus einweisen ließ. Es hatte sich eine Zyste an meinen Eierstöcken gebildet. Meine Eltern fragten nicht nach den Ursachen. Die Zysten wurden entfernt, ich blieb eine Zeit lang krankgeschrieben, und alles war vergessen.

Kurz darauf fuhr ich für zehn Tage nach Frankreich. Ich freute mich auf diese Reise, denn ich wollte dort noch einmal richtig viel abnehmen. So viel, dass sie es einfach sehen und irgendwie reagieren mussten. Ich malte mir aus, wie es sein würde, wenn ich zurückkehrte. Wie stolz meine Eltern auf ihre schöne, schlanke Tochter sein würden. Der Gedanke machte mich froh und glücklich.
In Frankreich habe ich zum ersten Mal vorsätzlich gekotzt. Meine Gastfamilie hatte mir zu Ehren eine besondere Eis-Baiser-Torte bestellt. Es gab keinen Ausweg für mich, ich musste von dieser Torte essen. Danach fühlte ich mich unglaublich fett, schlecht, aufgedunsen. Ich weiß nicht, wie ich darauf kam, aber wie selbstverständlich ging ich auf die Toilette und steckte mir den Finger in den Hals. Danach fühlte ich mich besser.

Ich kehrte dünner als je zuvor aus Frankreich zurück. Doch die Aufmerksamkeit, nach der ich mich so sehr sehnte, blieb auch dieses Mal aus. Was ich mir so schön ausgemalt hatte, wurde wieder nichts.

> **B**IS HEUTE BIN ICH MISSTRAUISCH, WENN MIR JEMAND SAGT, ICH SÄHE GUT AUS. ICH KANN DAS KOMPLIMENT NICHT ANNEHMEN.

Als ich sechzehn war, lernte ich meine erste große Liebe kennen. Mein Hungern und mein Dünnsein bekamen einen neuen Stellenwert. Ich hatte eine Zeit lang wieder mehr gegessen, folglich auch wieder zugenommen. Nun musste ich wieder schlank werden, dringend. Auslöser für diesen erneuten Wahn, bloß kein Gramm zu viel mit mir herumzutragen, war ein Satz meines Vaters: «Du bist fett geworden!» Vier Wörter, die mich bis heute verfolgen und sich regelrecht eingebrannt haben. Ganz tief. Er war der Ansicht, als mein Vater könne er mir das sagen und habe sogar die Pflicht, mich darauf hinzuweisen. Mein Freund sehe das sicher genauso, nur behalte er es für sich, um mich nicht zu verletzen. Bis heute bin ich misstrauisch, wenn mir jemand sagt, ich sähe gut aus. Ich kann das Kompliment nicht annehmen. Wie mein Vater damals meinem Freund unterstellte, er fände mich insgeheim zu fett, unterstelle ich meinem Gegenüber heute Unehrlichkeit, wenn es um mein Äußeres geht.

Wenn mir Komplimente gemacht werden und man mir sagt, ich sähe gut aus, möchte ich am liebsten schreien. Ich kann nicht glauben, was mein Gegenüber mir sagt. Das Einzige, was ich höre, sind die vier Worte: «Du bist fett geworden!»

Jahre später erfuhr ich am eigenen Leib ganz deutlich, was ein schlanker Körper bewirken kann und für Männer bedeutet: Wenn ich mich schick anzog und man meine Figur sah, liebte mein Vater es, sich mit mir zu schmücken. Wenn wir spazieren gingen, war ich die Blume in seinem Knopfloch. Er genoss es, sich mit mir fotografieren zu lassen. Nun, da ich erwachsener, schlanker und schöner war, musste ich nicht mehr nur Aschenbrödel sein und mich verstecken. Jetzt hatte ich ja etwas anderes zu bieten, einen anderen Sinn, einen Zweck: schmückendes Beiwerk. Es schmerzte zwar, aber ich genoss es auch. Denn es war das erste Mal, dass mein Vater den Blick vom Fernseher löste, wenn ich den Raum betrat. Es war das erste Mal, dass er mich wahrnahm.

Dass ich mich verliebte, führte zu ganz neuen Konflikten in der Familie. Es war für mich einfach nicht vorgesehen, dass ich mit einem anderen Menschen glücklich sein sollte, ja, dass ein anderer Mensch mich überhaupt für liebenswert halten könnte. Und bis heute fällt es mir schwer, das Gegenteil zu glauben. Ich kann mir so schwer vorstellen, dass jemand einen Menschen wie mich liebt. Und wenn es doch jemand tut, dann argwöhne ich, dass er nur die Fassade liebt. Ich habe Angst, dass er mich irgendwann erkennt, alles Schlechte meines Wesens aufdeckt und mich dann voller Verachtung von sich weist. Ich tue es nicht bewusst, aber ich spüre, dass ich Menschen, die ich liebe und die mich lieben, auch heute noch absichtlich vor den Kopf stoße. Dass ich ungerecht zu ihnen bin. Durch mein Verhalten provoziere ich sie, mich schlecht zu behandeln. Ich glaube, ihnen die Augen über das öffnen zu müssen, was sie bisher nicht gesehen haben: dass ich ihre Liebe nicht verdient habe.

> ICH STOSSE MENSCHEN VOR DEN KOPF, DIE ICH AM LIEBSTEN UMARMEN MÖCHTE.

Die Vorwürfe meiner Eltern, ich sei egoistisch, undankbar und faul, haben sich so tief eingeprägt, dass ich mich automatisch mit ihnen identifiziere. Oft verhalte ich mich sogar so, wie sie mich immer darstellten, auch wenn das meinem eigentlichen Wesen gar nicht entspricht. Ich stoße Menschen vor den Kopf, die ich am liebsten umarmen möchte.

Meine Mutter, die ihre Ehe zeit ihres Lebens leidend ertragen hatte, gönnte mir mit meiner ersten großen Liebe keinen Augenblick des Glücks. Durch meine Geburt hatte ich ihr die Chance auf ein anderes, ein besseres Leben genommen – das war die Schuld, die ich sühnen musste. Mir stand keine Liebe zu, solange sie ihr verwehrt blieb. Wenn meine Mutter litt, sollte auch ich leiden.

Die Beziehung mit meinem Freund war ein anstrengender Kampf. Die Verbote, die Regeln, die ewigen Kontrollen meiner Eltern ließen mir keine Wahl: Wie schon so oft, musste ich heimlich leben. Heimlich lieben, heimlich fühlen. Das war nichts Neues für mich, denn ich bin mit Heimlichkeiten und Versteckspielen groß geworden. Es wurde mir ständig vorgelebt. Meine Eltern taten oft Dinge, wenn auch nur Kleinigkeiten, die der andere unter keinen Umständen mitbekommen sollte. Diese Unfähigkeit meiner Eltern, offen miteinander umzugehen, nährte weiter das Gefühl des Schuldigseins. Ich stand zwischen den Fronten, war Mitwisserin auf beiden Seiten und damit ungewollt Mittäterin.

Als mein Freund an einem Sonntag seinen Geburtstag feiern wollte, wünschte ich mir nichts mehr, als diesen Tag nur mit ihm zu verbringen. Nach langem Zögern rief ich von ihm aus meine Eltern an und bat sie, länger als sonst bei ihm bleiben zu dürfen, obwohl Sonntag mein Bügel- und Nähtag war. Sie erlaubten es nicht, meine Mutter beschimpfte mich, sagte, ich sei süchtig und verrückt nach diesem Mann. Woher das wohl komme, ob er denn so gut im Bett sei? Dieser Vorwurf, diese Unterstellung meiner Mutter traf mich tief, denn Sex war für mich nie Thema gewesen. Ich hatte keinen Gedanken daran verschwendet, geschweige denn Erfahrungen gesammelt. Ich fühlte mich von ihr verachtet, ihre Unterstellungen machten mich zu einer niedrigen, schmutzigen Person, zu einer Hure. Ich hatte danach wahnsinnige Angst, nach Hause zu gehen.

Die Strafe für meine Bitte um ein wenig Glück folgte auf dem Fuße. Ich hatte Hausarrest und mir wurden diverse Arbeiten aufgetragen, die ich zu erledigen hatte. Mein Leben bestand aus Schule, lernen, putzen und bügeln, gehorchen, unauffällig und gefügig sein. Während ich vorher als Aschenbrödel wenigstens noch ab und zu am Leben teilhaben durfte, wurde mir nun selbst das nicht mehr gestattet. Ich werde es nie vergessen: Es war Sonntag, und meine Freunde trafen sich im Park. Ich wollte so gern dabei sein. Also gab ich mir Mühe und beeilte mich, meine Strafe abzuarbeiten in der Hoffnung, dann ausnahmsweise ein paar Stunden «Freigang» zu haben. Als ich meiner Mutter sagte, ich sei fertig, ob ich nun zu meinen Freunden dürfe, nahm sie mich wortlos an der Hand, zog mich in die Küche und wischte mit ein paar Handbewegungen alle Regale leer: «Jetzt hast du wieder etwas zu tun!» Ich verbrachte die nächsten Stunden damit, Behälter und Deckel zu sortieren.

Das war zu viel. Ich lief davon und brach aus meinem Gefängnis aus. Aber wo sollte ich hin? Ich erfuhr immer wieder und immer deutlicher, dass ich nicht willkommen war. Nicht nur in der eigenen Familie gab es keinen Platz für mich, auch sonst war ich überall eine überflüssige Last. Überall, wo ich hinkam, wurde ich eine Zeit lang geduldet, aber nie wirklich aufgenommen. Erst lebte ich bei der Familie meines Freundes. Aber seine Eltern wollten auf Dauer keine Ausländerin unter ihrem Dach beherbergen. Ich übernachtete mal hier, mal da und wurde dabei immer, immer kleiner. Ich machte mich zur guten dünnen, fast unsichtbaren Fee, die versucht, es allen recht zu machen, nur um irgendwo bleiben zu dürfen. Als ich Unterschlupf in einer WG fand, fing ich an, für alle einzukaufen, zu putzen und zu waschen. Egal wo ich war, ich bemühte mich, so wenig Raum wie möglich einzunehmen, hatte bei jedem Schritt, den ich machte, Angst, ich könnte zu laut gewesen sein und die anderen stören. Ich wollte um keinen Preis der Welt einen Anlass dafür schaffen, dass man mich auf die Straße setzen könnte. Ich hatte furchtbare Angst davor.

> **Ein Heim, einen Ort zu haben, an dem ich mich geborgen fühle, einen Platz, an dem ich sein darf, ist das, was mir immer fehlte und wonach ich heute noch suche.**

Ein Heim, einen Ort zu haben, an dem ich mich geborgen fühle, einen Platz, an dem ich sein darf, ist das, was mir immer fehlte und wonach ich heute noch suche.

Es geht mir oft so, dass sich meine Kehle zusammenschnürt und mir die Tränen in die Augen steigen, wenn ich ein Jugendzimmer sehe. So ein richtiges Mädchenzimmer mit Schwingspiegel und Rosen und Postkarten an der Wand. Es verkörpert für mich Kindheit, Wärme und Liebe – all das, was ich nie erfahren habe.

Danach sehne ich mich immer noch.

Um die Miete und das Wenige, was ich aß, zahlen zu können, arbeitete ich nachts in Kneipen. Dementsprechend übermüdet kam ich in die Schule, und meine Leistungen ließen nach. Darunter litt ich sehr, denn ich war immer gut in der Schule gewesen und hatte Spaß am Lernen gehabt. Von meinen Mitschülern wurde ich gemieden oder ausgelacht. Ich galt als faul und undiszipliniert, weil ich im Unterricht einschlief, meine Hausaufgaben nicht gemacht hatte und nicht auf den Unterricht vorbereitet war. Mit dem Verlust meiner guten Noten verlor ich viel von meinem Selbstwertgefühl. Ich habe es bis heute nicht wiedergefunden.

Ich führte zwei Leben. Tagsüber in der Schule war ich Sandra, die Außenseiterin, die Ausländerin, der «Reisbomber». Nachts in der Kneipe war ich die Superfrau, die immer im Mittelpunkt stand. Sandra, die immer gut drauf ist, die jeden kennt und auf jeder Party tanzt. Auch das war eine Fassade, hinter der sich Schmerz und Trauer versteckten. Gefühle, die ich zwar hatte, aber weder klar begründen noch nach außen dringen lassen konnte oder wollte. Es tat einfach gut, anerkannt und gemocht zu werden. Es half, den Schmerz und die Enttäuschung zu verdrängen und die Leere nicht mehr so stark fühlen zu müssen.

Dass ich abgehauen war, bedeutete für meinen Vater, dass ich die Familie verraten hatte. Er verbot meiner Mutter und meinen Brüdern jeglichen Kontakt zu mir. Auf der einen Seite liebte und vermisste ich sie unendlich. Auf der anderen spürte ich aber auch eine ungeheure Wut und einen tiefen Hass. Und weil ich diesen Hass spürte, wurde meine Schuld nur noch größer. Ich durfte nicht schlecht über meine Familie reden, ich durfte nicht einmal schlecht über sie denken. Trotzdem, die Gefühle mussten raus, denn sie erdrückten mich. Sobald ich aber offen gesprochen hatte und der Hass in Worten aus meinem Mund gesprudelt war, fühlte ich mich schuldiger, schlechter, undankbarer denn je. Ich begann mir Haare auszureißen, die Fingernägel bis aufs Blut abzuknabbern, mich mit Rasierklingen zu verletzen. Die Strafe für meine Worte und Gedanken. Die Strafe dafür, dass ich so bösartig und gemein bin. Die Strafe, weil ich nichts anderes verdient habe.

> **ICH FÜHRTE ZWEI LEBEN. TAGSÜBER IN DER SCHULE WAR ICH SANDRA, DIE AUSSENSEITERIN. NACHTS IN DER KNEIPE WAR ICH DIE SUPERFRAU.**

Die Überzeugung, schlecht, undankbar und egoistisch zu sein, fand immer wieder Bestätigung. Ich ging zum Jugendamt, um in Erfahrung zu bringen, ob ich ein Anrecht auf finanzielle Unterstützung

durch meine Familie hätte. Ich erzählte, was mich dazu getrieben hatte abzuhauen, warum ich nicht mehr bei meinen Eltern leben konnte. Mein Vater wurde zum Gespräch geholt. Für einen wortgewandten, wohlhabenden, charmanten Geschäftsmann wie ihn war es ein Leichtes, die Gefühle, die Worte und Taten seiner Tochter als die eines pubertierenden, undankbaren Kindes aussehen zu lassen. Ich saß diesen beiden Männern als dumme Göre, die pleite ist, nicht arbeiten und ihr Leben mit ihrem Freund auf Kosten des Vaters genießen will, gegenüber.
Einerseits fühlte ich mich zwar verraten, aber andererseits: Wenn selbst dieser Beamte zu der Überzeugung gelangte, dass ich undankbar war und die Unterstützung meiner Eltern nicht verdiente, dann musste es wohl stimmen. Ich machte nie wieder den Versuch, finanzielle Unterstützung von meinen Eltern zu bekommen.

Kurze Zeit später zog ich mit meinem Freund zusammen, in eine Wohnung, die seine Eltern ihm finanziert hatten. Ich fühlte mich nicht wohl dabei, denn ich wusste, auch hier würde ich kein Zuhause finden. Ich trug das Wissen, dass ich diejenige sein würde, die gehen muss, wenn die Beziehung zu Ende gehen sollte, immer mit mir herum. Ein Leben in der Schwebe, in Unsicherheit, immer mit einem Bein auf der Straße. Abhängig vom Geld und Wohlwollen der anderen. Das, was ich nie sein wollte.

In dieser Zeit des Zusammenlebens begann Essen eine andere Funktion als bisher einzunehmen. Ich hatte die Zeit vorher wenig gegessen und mich bemüht, ein bestimmtes Gewicht nicht zu überschreiten. Jetzt aber erwachte der Futterneid in mir. Wenn mein Freund von der Arbeit kam und sich eine Pizza bestellte, wollte ich auch eine. Auch wenn ich weder Hunger noch Appetit hatte. Was er sich gönnte, wollte auch ich haben dürfen. Ich nahm zu und fühlte mich immer fetter, unattraktiver, unwohler in meinem Körper.

Irgendwann war mir alles zu viel. Ich fasste ganz bewusst und gezielt den Entschluss abzunehmen. Ich wollte wieder ganz dünn werden. Wie ich es schon früher getan hatte, begann ich mir Bilder auszumalen: wie die anderen mich bewundern und schön finden, mich beneiden und lieben würden. Dünn sein war frei sein. Ich wollte es ihnen zeigen. Ich kaufte ein Kalorienbuch und eine Waage und notierte jeden Tag mein Gewicht. Parallel zu meiner Gewichtsabnahme nahm das positive Feedback aus meiner Umgebung zu. Das motivierte mich. Ich traute mich zum ersten Mal, bauchfreie Tops und enge Hosen zu tragen. Ich bewegte mich freier, ging in Discos, tanzte, flirtete. Ich fühlte mich zum ersten Mal wirklich frei und unabhängig. Weil ich dünn war, konnte ich am Leben teilhaben wie alle anderen auch. Es ist nicht leicht zu hungern, wenn man in einer festen Beziehung lebt. Es bedarf einer genauen, anstrengenden Planung: Wann kommt mein Freund nach Hause, ist es dann schon so spät, das ich prinzipiell schon gegessen haben könnte, also nicht mehr mit ihm gemeinsam essen muss, ohne dass er Verdacht schöpft?

> ICH FÜHLTE MICH ZUM ERSTEN MAL WIRKLICH FREI UND UNABHÄNGIG. WEIL ICH DÜNN WAR, KONNTE ICH AM LEBEN TEILHABEN WIE ALLE ANDEREN AUCH.

Manchmal war es zu früh, dann kam ich um ein gemeinsames Essen nicht herum. Ich aß dann so wenig wie möglich und zählte im Stillen die Kalorien. Aber egal was ich aß, selbst wenn es ein halber Apfel war: Es war immer zu viel. In meinem Kopf hämmerte das schlechte Gewissen: Warum hast du das gemacht? Warum warst du bloß so blöd und hast gegessen? Das Essen, und war es auch noch so wenig, musste wieder raus. Erbrechen war der Ausweg.

Sobald ich einen Bissen zu mir genommen hatte, stellte sich Weltuntergangsstimmung ein – und dann die Gier nach mehr. Wenn ich sowieso schon schwach gewesen war, dann war schließlich alles egal. Dann konnte ich auch essen, essen, essen. Erbrechen würde ich es sowieso, und je voller mein Magen war, desto leichter würde es gehen.

Ich wartete, bis mein Freund im Bett und eingeschlafen war, ging dann in die Küche und aß alles, was mir unter die Finger kam: die restliche Pizza, Schokolade, Blumenkohl. Ich kochte mir Nudeln und verschlang sie, bevor sie gar waren. Ich gierte nicht nach einem vollen Magen, sondern nach Liebe, Trost und Schutz. All das, was ich nie gefunden hatte, suchte ich im Essen. Ich genoss keinen Bissen, denn ich aß in ständiger Angst, entdeckt zu werden. Ich musste leise sein, durfte kein Geräusch machen. Wenn ich auf die Toilette ging, drehte ich den Wasserhahn auf, damit es sich anhörte, als würde ich mich waschen. Kotzen war eine Quälerei für mich, es funktionierte nur unter größten Schmerzen und Anstrengungen. Manchmal verbrachte ich über zwei Stunden auf dem Klo. So lange dauerte es, bis ich das Essen wieder losgeworden war.

Danach fühlte ich mich immer furchtbar elend, ich hasste mich und schlug auf mich ein, wenn ich mein vor Anstrengung verquollenes, aufgedunsenes Gesicht im Spiegel erblickte.

Wenn ich es nicht schaffte, das Essen wieder loszuwerden, ergriff mich eine unglaubliche Panik. Ich sah meinen Körper von Minute zu Minute dicker werden, mein Gesicht wurde immer breiter. Ich musste unbedingt verhindern, dass ich fetter wurde. Ich musste kotzen, ich musste einfach. Und schnell musste es gehen, sehr schnell. Ich hatte keine Zeit. Mein Freund könnte aufwachen und mich entdecken. Ich stand unter einem Druck, den ich kaum ertrug. Wenn ich von der Toilette kam und erschöpft, wund und mit aufgedunsenem Magen ins Bett kroch, wünschte ich mir oft, nicht mehr aufzuwachen.

Solange ich kotzen konnte und nicht zunahm, konnte ich dieses Leben ertragen. Ich ging aus, traf Leute, belohnte mich mit neuen Klamotten, wenn die Waage weniger anzeigte als noch vor einer Woche. Ich musste mir keine Gedanken machen und lebte scheinbar sorglos.

> **WENN ICH ES NICHT SCHAFFTE, DAS ESSEN WIEDER LOSZUWERDEN, ERGRIFF MICH EINE UNGLAUBLICHE PANIK. ICH SAH MEINEN KÖRPER VON MINUTE ZU MINUTE DICKER WERDEN.**

Sobald ich aber 250 Gramm mehr wog oder das Essen nicht rauskam, stürzte meine Welt zusammen. Ich vergrub mich zu Hause, trug nur noch weite Schlabberpullis, um meinen fetten, ein viertel Kilo schwereren, unansehnlichen Körper zu verbergen. Ich schämte mich, weil ich so dick war. Ich glaubte, jeder, der mich sähe, würde sofort erkennen, wie viel ich zugenommen hatte. Ich war von einem Tag auf den anderen, von einem Bissen zu viel, zur hässlichen und unattraktiven Kröte geworden. Außerdem spürte ich mich nicht mehr, wenn ich zugenommen hatte, jedes überschüssige Gramm Fett gehörte nicht zu mir. Noch heute ist es so: Wenn ich meinen Arm oder meine Beine anfasse, fühlte ich nicht mich, sondern nur eine dicke, fette Hülle. Nur wenn ich ganz dünn bin, meine Knochen fühlen kann, dann bin ich ich. Dann kann ich mich akzeptieren.

Irgendwann trennte ich mich von meinem Freund und fasste den Entschluss, zu meinen Eltern zurückzukehren. Ich hatte meiner Mutter von meinen Essproblemen erzählt. Daraufhin hatte sie mir angeboten, zu ihnen zu kommen. Sie würde für mich kochen, aufpassen, dass ich nicht zu viel aß oder kotzen ging, mich davon abhalten, mich zu wiegen. Aber Bulimie lässt sich nicht einfach so abschütteln. Sehr bald kaufte ich mir heimlich eine neue Waage, hungerte tagsüber, fraß und kotzte nachts, wenn alle schliefen. Aber es ist so anstrengend, heimlich zu essen. Ich musste wieder aufpassen, dass mich niemand vor dem Kühlschrank erwischte oder mich hörte, wenn ich auf dem Klo war, und musste Acht geben, dass ich Lebensmittel rechtzeitig nachkaufte, bevor jemand Verdacht schöpfen konnte.

> BULIMIE LÄSST SICH NICHT EINFACH SO ABSCHÜTTELN. SEHR BALD KAUFTE ICH MIR HEIMLICH EINE NEUE WAAGE, HUNGERTE TAGSÜBER, FRASS UND KOTZTE NACHTS.

Ich hielt es nicht sehr lange bei meinen Eltern aus, denn die Belastungen wuchsen, statt dass sie kleiner wurden. Meine Mutter begann plötzlich mit mir gemeinsam zu hungern. Es entstand so etwas wie eine Konkurrenz.

Dadurch, dass ich mir Nahrung selbst vorenthielt, griff meine Mutter, wahrscheinlich unbewusst, zu einem anderen Mittel, um mich nicht vergessen zu lassen, dass ich nicht dasselbe verdiente wie andere. Sie wusch ihr kurzes Haar mit teuren Shampoos und Spülungen, pflegte sich mit Cremes und Ölen, die sie vor mir versteckte. Für mich kaufte sie einfache Seife. So wie sie früher bestimmt hatte, wie ich mich ernähren sollte, setzte sie jetzt fest, womit ich mich pflegen durfte.

Andererseits lieh sie sich meine Klamotten aus, benutzte meine Schminke und mein Parfum. Das ist die andere Seite in unserem Verhältnis, die Umkehrung der Mutter-Tochter-Rolle: Ich soll sie ernähren, sie ist klein und schwach und hilflos und kann sich nicht allein zurechtfinden. Ich bin für sie verantwortlich. Sie spielte Psychospielchen mit mir, die grausam waren und mir jegliche Lebensfreude verboten. Wenn ich etwas vorhatte, etwa eine Verabredung, saß sie oft zusammengesunken auf dem Fußboden und wünschte mir mit zittriger, leiser, leidender Stimme viel Spaß. Ihr ginge es zwar gerade nicht gut, aber ich solle doch ruhig gehen und mich nicht um sie kümmern. Ich könne sie ruhig allein zurücklassen und den Tag genießen. Meine Mutter so zu sehen zerriss mir das Herz. Ich hatte sofort Schuldgefühle, ging zu ihr und versuchte sie aufzu-

bauen. Oft sagte ich die Verabredungen, auf die ich mich so gefreut hatte, ab, um bei ihr zu bleiben. Wenn meine Mutter litt, musste ich mich doch solidarisieren und durfte keine Freude empfinden.
Ich glaube, sie erwartete das auch von mir. Solche Erlebnisse zogen mich immer weiter nach unten und nahmen mir die letzten Reste meines Selbstwertgefühls. Denn selbst wenn ich blieb, half es nichts. Ich konnte meine Mutter nicht glücklich machen, denn es war sie selbst, ihr eigenes Leben, unter dem sie so litt. Ich dachte damals, ich sei wieder nicht gut genug, und fühlte mich minderwertig, weil ich es nicht schaffte, sie froh zu machen.
Heute weiß ich, dass ich weder verantwortlich dafür bin noch dass es in meiner Macht steht, meine Mutter glücklich zu machen.

Ich suchte mir eine eigene Wohnung und lebte das erste Mal ganz allein. Hunger- und Fressphasen wechselten einander ab. Ich hungerte vor allem, wenn ich enttäuscht war, weil ich mich auf jemanden eingelassen hatte, der nicht das hielt, was er versprach. Wenn ich verlassen oder verletzt wurde, wuchs in mir der Ehrgeiz: «Dir zeig ich es, ich werde wieder ganz schlank, schön und begehrt. Du wirst dich noch ärgern, dass du mich so abgeschoben hast.» Dann stand der Körper als Oberfläche, als Mittel, um Aufmerksamkeit zu erlangen, im Vordergrund. Dann ging es nur darum, schlank und schön zu sein. Regelrecht zu fressen begann ich, wenn ich mit meiner Familie und mit der Vergangenheit konfrontiert wurde. Da genügt auch heute noch ein Anruf meiner Mutter, ihre leidende, anklagende Stimme am anderen Ende der Leitung, um den ewigen quälenden Kreislauf von Essen und Kotzen in Gang zu setzen. Ich werde ganz klein, krümme mich zusammen, verliere jeglichen Kontakt zu mir. Ich bin dann nicht ich selbst, sondern wie eine Maschine. Meine Gedanken drehen sich im

> ICH KONNTE MEINE MUTTER NICHT GLÜCKLICH MACHEN, DENN ES WAR SIE SELBST, IHR EIGENES LEBEN, UNTER DEM SIE SO LITT.

Kreis und rotieren immer schneller. Sie machen mich wahnsinnig, sie überschlagen sich, und ich kann sie nicht stoppen. Alles, was vorher klar und deutlich war, entgleitet mir. Es wird zu einem undurchdringlichen verworrenen Knäuel in meinem Kopf. Will ich das? Darf ich das überhaupt? Stoße ich womöglich jemanden vor den Kopf, wenn ich dieses tue oder jenes unterlasse? Mache ich etwas richtig oder falsch, ist es gut oder böse? Eine Entscheidung, gleichgültig worüber, die ich unter anderen Umständen einfach für mich getroffen hätte, wird plötzlich mit tausend Zweifeln, Fragen und Abwägungen betrachtet. Der einzige Weg, dieses Gedankenkarussell anzuhalten, ist, zu essen. Aber es genügen manchmal auch ganz kleine, eigentlich unbedeutende Dinge, um mich völlig aus der Bahn zu werfen: Wenn nur noch wenig Geld auf meinem Konto ist oder ich eine schlechte Klausur schreibe, bricht meine Welt zusammen. Es überfällt mich eine Existenzangst, deren Dimensionen man nicht beschreiben kann. Sie erdrückt mich und lässt mich nicht los, bis ich wieder esse. Solange ich das tue, herrscht Stille in meinem Kopf. Freiheit, immerhin für einen kurzen Moment. Aber das schlechte Gewissen, die Angst zuzunehmen, lässt nie lange auf sich warten.

Ich gehe auf die Toilette und würge, quäle mich so lange, bis alles wieder draußen ist. Oft dauert es bis in die frühen Morgenstunden, dann krieche ich erschöpft ins Bett und schlafe. Wenn ich aufwache, ist es meist schon Mittag. Ich fühle mich schlecht und nutzlos, weil ich die Uni verpasst habe, schaue mich im Spiegel an und verabscheue mich noch mehr, wenn ich mein aufgedunsenes Gesicht sehe. Also verlasse ich die Wohnung nicht, bin allein, hasse mich, fühle mich fett und fresse. Ich gehe nicht ans Telefon, isoliere mich völlig von der Außenwelt. Ich habe Angst, jeder könnte mir sofort ansehen, dass ich gefressen und gekotzt habe,

> **D**ER EINZIGE WEG, DIESES GEDANKENKARUSSELL ANZUHALTEN, IST, ZU ESSEN.

würde mich darauf ansprechen, mich auslachen, weil ich so dick geworden bin.

Irgendwann war mir klar, dass ich etwas tun musste, ich wollte nicht mehr so weiterleben, denn es war kein Leben, das ich führte. Auch wenn die Fressattacken ausblieben, überlebte ich nur und brachte den Tag irgendwie herum. Denn wenn ich nicht fraß, dann hungerte ich ja. Es gab nichts dazwischen. Ein Leben mit Hunger ist ein ständiges Aushalten. Ein ständiges, unaufhörliches Rattern im Kopf: Was darf ich, wann darf ich, wie viele Kalorien, wann gehe ich einkaufen. Darf ich überhaupt, hoffentlich esse ich nicht zu viel, hoffentlich werde ich nicht dicker.

> ICH HABE ANGST, JEDER KÖNNTE MIR SOFORT ANSEHEN, DASS ICH GEFRESSEN UND GEKOTZT HABE, WÜRDE MICH DARAUF ANSPRECHEN, MICH AUSLACHEN, WEIL ICH SO DICK GEWORDEN BIN.

Jede Minute zieht sich endlos hin. Das Loch im Magen ist so groß, dass es schon schmerzt. Die innere Unruhe ist kaum zu ertragen. Vor Hunger vergehen, aber nicht essen dürfen – das ist unerträglich.

Ich ergriff die Initiative, suchte und fand einen Therapieplatz. Dort begann ich mit einer Einzel-, sehr bald aber auch mit einer Gruppentherapie. Es tat mir gut, andere Betroffene kennen zu lernen. Andererseits war es aber auch gefährlich, denn durch sie bekam ich noch mehr Tipps und Tricks und erkannte Möglichkeiten, auf die ich sonst nicht gekommen wäre. Was mich am meisten belastete, waren ja die Qualen beim Kotzen. In der Gruppe erfuhr ich, in welcher Reihenfolge man am besten isst, um es hinterher besser loswerden zu können. Auch Milch trinken hilft sehr gut. Ich befolgte die Tipps, und anfangs funktionierte es tatsächlich: Das Erbrechen fiel mir für eine kurze Zeit leichter. Heute bin ich froh, dass die Wirkung der «Hilfsmittel» nachließ. Wäre der Gang auf die Toilette nicht mit solchen Schmerzen verbunden gewesen, hätte ich vielleicht ein anderes Gefühl zur Bulimie entwickelt und dann möglicherweise täglich gefressen und gekotzt. Ohne körperliche Schmerzen hätte ich die seelischen, die sich hinter der Bulimie verbergen, länger unterdrücken können.

Ein «Tipp», den ich erhielt, kostete mich sogar beinahe das Leben – eine Erfahrung, über die ich bis heute nicht hinweggekommen bin. Sie lastet auf mir wie eine schwarze Wolke.

> ICH ERLEBE ZUM ERSTEN MAL WIEDER ECHTE HUNGER- UND SÄTTIGUNGSGEFÜHLE. ICH BEGINNE MICH SICHERER ZU FÜHLEN, VERTRAUEN AUFZUBAUEN.

In meinem Nebenjob arbeitete ich viel mit Kindern, das machte mich immer traurig. Diese lachenden Kinder, die Eltern, die mit ihnen spielten – das trieb mir immer die Tränen der Rührung in die Augen.

Nach einem solchen Tag umgeben von Kindern kam ich in meine Wohnung, und mein erster Weg führte zum Kühlschrank, der zweite auf die Toilette. Ich konnte nicht kotzen, wurde panisch und erinnerte mich an den «Trick»: einen Eierlöffel. Weil ich so hektisch war und Angst hatte, das Essen nicht wieder loswerden zu können, rutschte mir der Löffel aus den Fingern und blieb mir im Hals stecken. Ich weiß nicht mehr, wie ich es schaffte, aber ich verständigte den Notarzt und zog mich an. Die ganze Zeit bemühte ich mich, mich langsam zu bewegen und so wenig wie möglich zu atmen. Ich konnte nicht schlucken, der Sabber lief mir aus dem Mund, und ich hatte furchtbare Angst zu sterben. Dabei hatte ich mir vorher so oft gewünscht, von dieser Welt verschwinden zu können. Jetzt hatte ich einfach nur blanke Angst davor. Ich wurde in die Notaufnahme gebracht, wo nach einer endlosen halben Stunde ein Arzt zu mir kam, um mir mitzuteilen, er könne nichts machen, die HNO-Abteilung sei seit einem Monat geschlossen. Es war ein Albtraum. Ich saß dort, konnte kaum atmen, hatte unglaubliche Schmerzen und dachte, ich müsse sterben. Selbst jetzt war niemand für mich zuständig, es interessierte einfach nicht. Ich war so hilflos und allein! Einer der Sanitäter bemühte sich aber doch und machte einen Arzt ausfindig, der sich um mich kümmern wollte. Als ich auf eine Liege gelegt wurde und die Betäubungsspritze zu wirken begann, war ich mir sicher, dass ich jetzt sterben müsste. Und selbst in diesem Moment machte ich mir Vorwürfe, weil ich auf eine so peinliche, lächerliche Art ums Leben kam. Nicht mal sterben konnte ich richtig.

Als ich wieder aufwachte, dauerte es einige Zeit, bis ich realisierte, wo ich war, was passiert war und dass ich lebte. Aber es war kein Glücksgefühl: Ich weinte, weinte und weinte. Die ganze Anspannung, die Angst und der Schock der vergangenen Stunden waren zu viel für mich gewesen.

> **Die vielen kleinen, versteckten quälenden Fragen lassen mich nicht los. Das Rechnen, das Zählen der Kalorien, die ständige Frage: Darf ich oder darf ich nicht?**

Ich krieche ganz langsam unter meiner Decke hervor. Seit drei Monaten habe ich wieder einen Freund und mache ganz neue Erfahrungen. Durch ihn erlebe ich zum ersten Mal, was essen auch sein kann: dass essen Genuss sein kann, dass ich frühstücken, zu Mittag und zu Abend essen darf. Ich erlebe zum ersten Mal wieder echte Hunger- und Sättigungsgefühle. Ich beginne mich sicherer zu fühlen, Vertrauen aufzubauen.

Ess- und Kotzattacken haben nicht mehr so viel Raum, denn wir füllen ihn mit uns selbst. Der Druck, die Leere in mir durch Hungern nicht fühlen oder durch Essen füllen zu müssen, nimmt ab.

Dennoch. Das Loslassen fällt schwer. Ich lebe immer noch mit der Angst, zu dick zu werden, es könnte mir irgendwann die Kontrolle entgleiten, mir könnte es womöglich sogar gleichgültig sein, wenn ich zunähme. Die vielen kleinen, versteckten quälenden Fragen lassen mich nicht los. Das Rechnen, das Zählen der Kalorien, die ständige Frage: Darf ich oder darf ich nicht? Die Selbstanklage, wenn ich zwei Bissen zu viel von meinem Brötchen genommen habe. All das begleitet mich unterschwellig. Immer.

Ich weiß, wie schnell ich wieder abrutschen kann und wie leicht ich in den Teufelskreis aus Hungern, Fressen, Kotzen und Verkriechen gerate.

Es ist ein schmerzhafter Prozess, mich von der Sehnsucht zu lösen, Anerkennung und Liebe von meinen Eltern zu bekommen. Die Erkenntnis, dass ich das bei ihnen nie finden werde, tut weh.

Gerade im Moment merke ich sehr deutlich, wie schnell ich bereit bin, alles zu vergessen und zu verzeihen, mich selbst aufzugeben und wieder ganz klein zu machen, nur um ein Stück heile Welt und ein bisschen Liebe von meinen Eltern zu bekommen. Meine Mutter trennte sich vor kurzem von meinem Vater. Seitdem lebt er in dem großen Haus allein. Er bat mich, zu ihm zu ziehen. Fast hätte ich zugestimmt, obwohl ich gerade selbst erst umgezogen war und mich zum ersten Mal wohl in meinen eigenen vier Wänden fühlte.

Er tat mir Leid, ich wollte mich um ihn kümmern. Ich dachte, es sei meine Aufgabe, ihn wieder glücklich zu machen. Für einen Moment hatte ich die schöne Illusion, dass meine Zeit endlich gekommen sei: dass ich einen Papa habe, der mich liebt, und ein Zuhause. Aber es ist eben nur ein Wunschbild, das ich mir immer wieder ausmale, das aber nie wirklich existieren wird. Denn meine Eltern lassen sich nicht austauschen, ebenso wenig wie ich. Schon so oft bin ich zu ihnen zurückgekehrt und auf sie zugegangen, in der Hoffnung, es würde anders sein und ich würde in ihrem Bild glücklich werden und meinen Platz finden können.

Der Preis dafür ist zu hoch, ich müsste mich aufgeben. In ihrem Lebensentwurf darf ich nur Aschenbrödel oder die Blume im Knopfloch sein. Aber niemals ich selbst.